世界は不思議に満ちている。世界は驚《おどろ》きに満ちている。世界を知ることはリアルを知ることであり、世界の本当の姿《すがた》を見つけることでもある。さぁ、未知の扉《とびら》をあけてみよう。

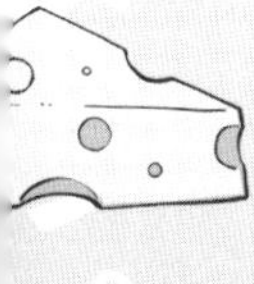

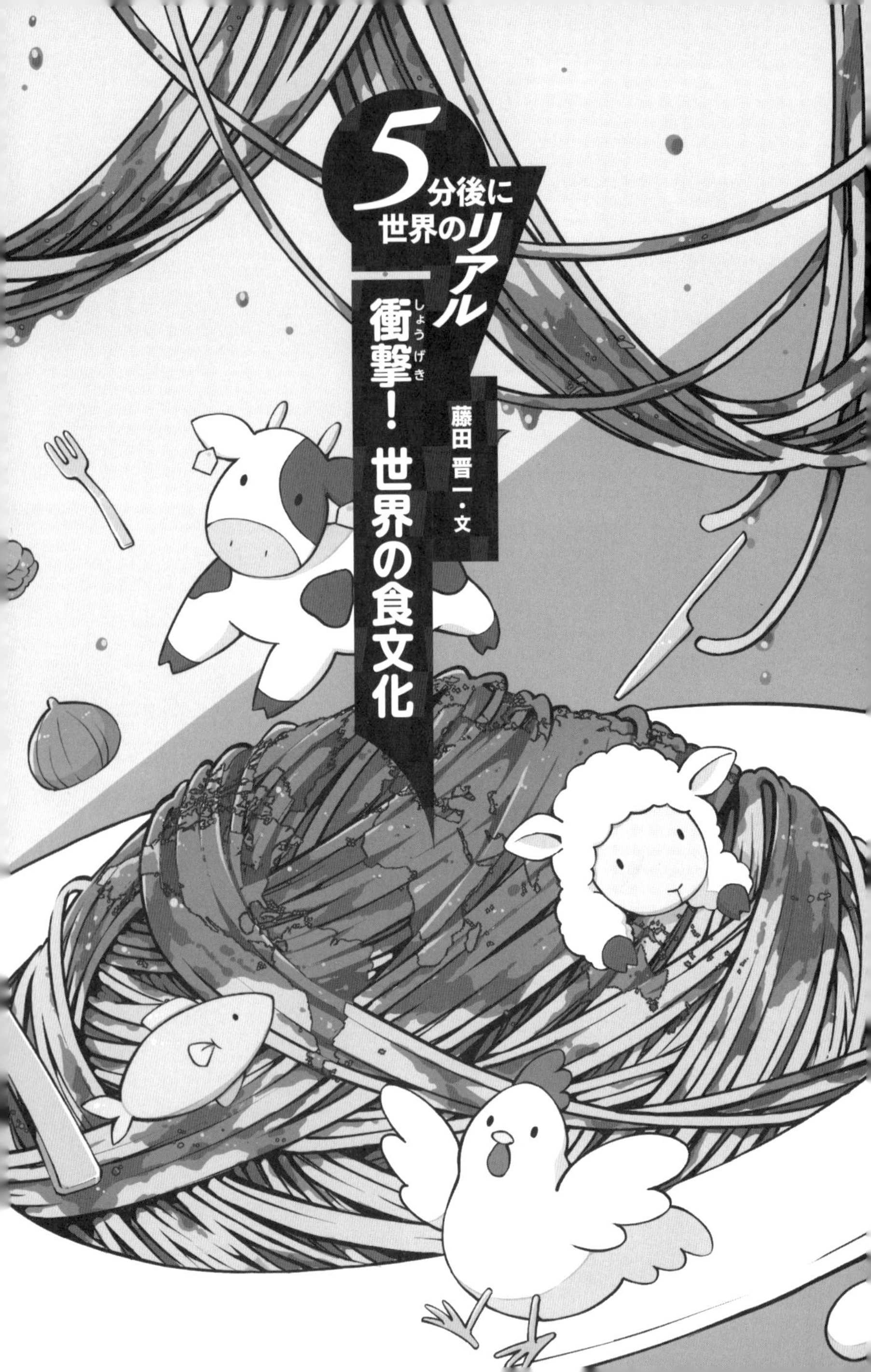
5分後に世界のリアル
衝撃《しょうげき》！世界の食文化
藤田晋一・文

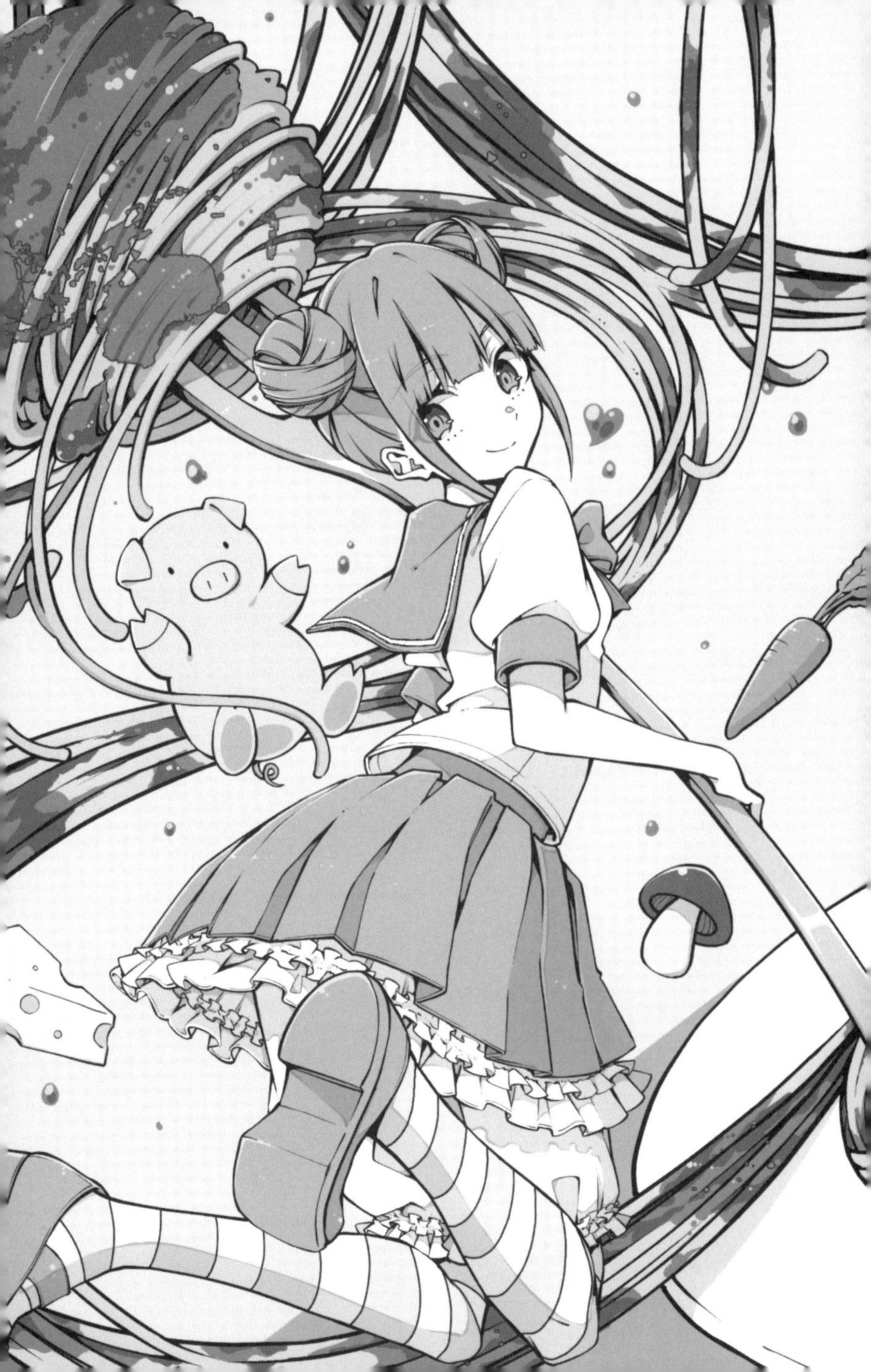

衝撃《しょうげき》！　世界の食文化　もくじ

世界の食の文化遺産《いさん》（アジア）
観光客にも人気の巨大《きょだい》フードコート！　8
世界の食の文化遺産《いさん》（ヨーロッパ・中南米）
一度は食べてみたい？　フランス料理のフルコース　16
世界の食のタブー
口にしてはいけない意外な食材とは？　24
世界のお菓子《かし》
甘《あま》すぎて硬《かた》すぎるビックリ伝統菓子《でんとうがし》　32

世界の珍味《ちんみ》
カエルもワニもコウモリもおいしい食材!? 40
世界の昆虫食《こんちゅうしょく》
イモムシはお酒のつまみにちょうどいい？ 48
世界の三大珍《ちん》コーヒー
動物のふんからコーヒー豆!? 56
世界の不思議な飲み物
おしっこは飲んでもだいじょうぶ!? 62
世界の不思議な食べ物
血の詰《つ》まったソーセージはおいしい？ 69
世界の危険《きけん》な食べ物
じつは怖《こわ》い！　毒《どく》のある意外な食材 77

世界のくさい食べ物
発《はっ》酵《こう》するとにおいは倍《ばい》増《ぞう》？ 85
世界の自然遺《い》産《さん》（アフリカ）
何千年もくりかえされるサバンナの大《だい》移《い》動《どう》 93
世界の自然遺《い》産《さん》（南北アメリカ）
レインボーにかがやく巨《きょ》大《だい》な泉《いずみ》！ 101
世界の自然遺《い》産《さん》（アジア・ヨーロッパ・オセアニア）
地下の絶《ぜっ》景《けい》！ ベトナムの天国の洞《どう》窟《くつ》 110
世界の絶《ぜつ》滅《めつ》危《き》惧《ぐ》種《しゅ》（ホ乳《にゅう》類《るい》）
乱《らん》獲《かく》・密《みつ》売《ばい》からゾウやトラを守れ！ 118
世界の絶《ぜつ》滅《めつ》危《き》惧《ぐ》種《しゅ》（ハ虫類・両生類）
大洋を泳ぐウミガメを守れ！ 126

世界の絶滅《ぜつめつ》危惧種《きぐしゅ》（魚類・鳥類）
気候変動からサメやフクロウを守れ！　134
世界の猛毒《もうどく》植物
猛毒《もうどく》注意！　死のリンゴに天使のラッパ　142
世界の猛毒《もうどく》動物
ゾウも倒《たお》す猛毒《もうどく》ガエル、激痛《げきつう》の弾丸《だんがん》アリ!?　149
おわりに　158

世界の食の文化遺産《いさん》（アジア）

観光客にも人気の巨大《きょだい》フードコート！

ユネスコ（国連教育科学文化機関）の無形文化遺産《いさん》に「和食」が登録されていることは、みなさんも知っていると思う。リストに登録されたのは二〇一三年。和食が価値《かち》ある人類の遺産《いさん》として、これからも守るべきものと認《みと》められたのだ。しかし、勘違《かんちが》いしてはいけないのは、寿司《すし》、天ぷら、すき焼きといった特定の料理が取りあげられているわけではないということ。日本の伝統的《でんとうてき》な食文化としての「和食」が選ばれているのだ。

無形文化遺産《いさん》は、二〇〇六年に発効《はっこう》した「無形文化遺産《いさん》の保護《ほご》に関する条約《じょうやく》」にもとづき、ユネスコによって保護《ほご》すべき文化遺産《いさん》としてリストが作成されている。遺跡《いせき》や建造物《けんぞうぶつ》、自然などが対象《たいしょう》となる世界文化遺産《いさん》とはちがって、無形文化遺産《いさん》は、慣習《かんしゅう》、表現《ひょうげん》、知識《ちしき》、技術《ぎじゅつ》など、形のない文化がその対象《たいしょう》になっている。日本で最初に無形文化遺産《いさん》に登録されたのは二〇〇八年で、能楽《のうがく》、人形浄瑠璃文楽《にんぎょうじょうるりぶんらく》、歌舞伎《かぶき》の三件《けん》。それ以降《いこう》、和食もふくめ、二〇二三年までに二十二件《けん》が登録されている。

日本政府《せいふ》が和食を無形文化遺産《いさん》に登録申請《しんせい》する際《さい》、和食の特徴《とくちょう》として、つぎの四つをしめしている。四季や地理的な多様性《たようせい》による新鮮《しんせん》で多彩《たさい》な食材が使われていること。栄養バランスにすぐれた健康的な食生活がいとなまれていること。自然の美しさや季節のうつろいを表現《ひょうげん》した盛《も》りつけがされていること。正月行事などの年中行事との密《みっ》接《せつ》なかかわりを持っていること。そして、和食は、自然を尊重《そんちょう》しつつ年中行事と密接《みっせつ》に関係し、家族や地域《ちいき》の結びつきを強めているとして無形文化遺産《いさん》に登録されたのだ。

さて、アジアの国々《くにぐに》の食に関する無形文化遺産《いさん》をいくつか紹介《しょうかい》しよう。

「キムジャン」という言葉を知っているだろうか。キムジャンとは、冬場にそなえてキムチをたくさん漬《つ》ける慣習《かんしゅう》のことだ。和食が登録された年と同じ二〇一三年に、韓《かん》国《こく》の「キムジャン」も登録されている。

キムチは、白菜《はくさい》などの野菜に、香辛料《こうしんりょう》や塩、魚介《ぎょかい》の塩辛《しおから》をくわえて発酵《はっこう》させた漬《つ》け物《もの》だ。韓国《かんこく》の食事には欠かせない食品で、日本でもおなじみだ。韓国《かんこく》では、野菜がとれにくくなる冬場にそなえて、毎年、家族や親類などが集まって、自家製《じかせい》のキムチを大量に漬《つ》けて分けあう伝統《でんとう》がある。

キムチの主役は、なんといっても白菜《はくさい》だ。一《いっ》般的《ぱんてき》なキムチのつくり方は、まず白菜《はくさい》を塩漬《しおづ》けし、そのあと、ヤンニョムとよばれるあわせ調味料をつくる。白菜《はくさい》の葉の一枚《まい》一枚《まい》にヤンニョムをていねいに塗《ぬ》りこみ、発酵《はっこう》・熟成《じゅくせい》させればできあがりだ。ヤンニョムは、トウガラシ、ニンニクやショウガなどの香味《こうみ》野菜、塩辛《しおから》などをまぜあわせたものだ。塩辛《しおから》といえば、日本ではイカの塩辛《しおから》のイメージが強いが、韓国《かんこく》ではイカ、

左はカクテキ（大根のキムチ）、右上は白菜《はくさい》のキムチ、右下はオイキムチ（キュウリのキムチ）。

白菜《はくさい》のキムチづくりの作業。葉と葉のあいだにヤンニョムをていねいに塗《ぬ》りこんでいる。

タコ、エビ、カタクチイワシなど、さまざまな魚介類《ぎょかいるい》の塩辛《しおから》がある。ヤンニョムは、キムチの味の決め手であり、その配分と使用量は、地域《ちいき》や家庭によって微妙《びみょう》にちがう。

ユネスコは、キムジャンについて、韓国人《かんこくじん》のアイデンティティーを再確認《さいかくにん》し、家族の協力を強化する絶好《ぜっこう》の機会であり、人間社会が自然と調和して生きる必要があることを思い出させる大切な文化だと評価《ひょうか》している。

なお、北朝鮮《きたちょうせん》の「キムチづくりの伝統《でんとう》」も、二〇一五年に無形文化遺産《いさん》に登録されている。

つぎは、二〇二〇年に登録されたシンガポールの「ホーカー文化」を紹介《しょうかい》しよう。

シンガポールで人気のホーカーセンター「ラオパサ」。

シンガポールは、インドシナ半島から南にのびたマレー半島の南にある島国。シンガポール島と六十以上の小さな島からなり、東京二十三区よりやや広い国土を持つ。国民の七割《わり》以上が中国系《ちゅうごくけい》で、ほかにマレー系《けい》、インド系《けい》など、さまざまな民族がくらす多民族国家だ。公用語はマレー語、中国語、タミル語、英語と四つもある。
ホーカーは、英語で〝hawker〟とあらわし、屋台や露天商《ろてんしょう》のことだ。シンガポールには、ホーカーセンターがたくさんある。日本のショッピングモールなど

ホーカーセンター「ラオパサ」の施設内《しせつない》のようす。

にあるフードコートが大きくなったものだと考えればイメージがわくだろうか。多くは公営住宅《こうえいじゅうたく》や駅の近くなど、人が多く集まる野外にもうけられている。たくさんの屋台がならび、老若男女《ろうにゃくなんにょ》を問わず、さまざまな人が集まって食事をする。まずはテーブルを確保《かくほ》し、屋台を選んで食べたいものを注文する仕組みだが、食事をする時間帯は混《こ》むこともあるし、人気の屋台には行列ができるという。
シンガポールでは、自宅《じたく》で料理をする習慣《しゅうかん》があまりなく、食事は外食が多い。いろいろな民族の人たちが屋外に集まり、食事をともにする。ユネスコは、ホーカーセンターが多様な人たちを受け入れる大切な空間となって、地域《ちいき》社会や職場《しょくば》といったさまざまな共同体における交流をうながすと評価《ひょうか》している。ホーカー文化は、シンガポールの人々《ひとびと》の食生活をささえているだけでなく、一人ひとりの人生を育んでいるのかもしれない。

つぎは中東の国、トルコの「ケシケキ」を紹介《しょうかい》しよう。ケシケキは、結婚式《けっこんしき》や宗教《しゅうきょう》上《じょう》の祝日など、特別な日に用意される伝統《でんとう》料理で、二〇一一年に無形文化遺産《いさん》に登録された。麦と肉を煮《に》こんだおかゆのような食べ物だが、おなかを満たすだけのものではない。ユネスコからは、ケシケキをつくる行為《こうい》そのものが評価《ひょうか》されているのだ。

ケシケキは、親族や地域《ちいき》の住民がいっしょになって料理される。小麦を水で洗《あら》うときも、みんなで声をあわせて陽気に歌い、大きな石臼《いしうす》に小麦を入れて、数人が杵《きね》でたたいて皮を取りのぞく作業も楽しげに歌いながらおこなわれる。そして、小麦、骨《ほね》つき肉《にく》、タマネギなどを大鍋《おおなべ》に入れて、ひと晩《ばん》じっくり煮《に》こむ。ズルナというリコーダーくらいの大きさの木管楽器と、両腕《りょううで》でもかかえられないほど大きな太鼓《たいこ》が刺激的《しげきてき》

小麦や肉などの具材をおかゆのようにじっくり煮《に》こんだトルコ料理の「ケシケキ」。

な音楽を鳴らし、人々《ひとびと》は手をつないでダンスを踊《おど》る。こうしてケシケキは、人々《ひとびと》の歌声や歓声《かんせい》もいっしょに鍋《なべ》の中で煮《に》こんでいく。
トルコ人にとって、ケシケキとは、ともに料理して、ともに食べるという伝統《でんとう》を介《かい》して人と人をつなげてくれる料理のようだ。

世界の食の文化遺産《いさん》（ヨーロッパ・中南米）

一度は食べてみたい？　フランス料理のフルコース

ここでは、ヨーロッパと中南米における食の無形文化遺産《いさん》を紹介《しょうかい》しよう。最初はフランス料理だ。二〇一〇年、人生の重要な場面のお祝いに、料理や飲み物のおいしさと芸術《げいじゅつ》を楽しむフランスの食文化がユネスコ無形文化遺産《いさん》に登録された。

フランス料理が、人類の価値《かち》ある文化遺産《いさん》として評価《ひょうか》された理由はたくさんある。まず、たくさんのレパートリーのなかから料理を選ぶことができるすばらしさだ。フランス料理は、古くからある料理にくわえ、今も新しいレシピが考案されつづけている。それから、地元産を中心とした質《しつ》の高い食材が選ばれていることや、料理とワインの組み合わせ方、テーブルセッティングの美しさ、料理を楽しむための所作《しょさ》やマナーも評価《ひょうか》されている。また、一皿ずつ順番に運ばれるコース料理の伝統《でんとう》も評価《ひょうか》の対《たい》

フランス料理のフルコースの例。

象《しょう》になっている。

一般的《いっぱんてき》なコースは七品か八品で構成《こうせい》される場合が多いが、より格式《かくしき》の高いレストランでは十品か十一品で構成《こうせい》される。フルコースの一例を紹介《しょうかい》しよう。

まずは、食事の前にアペリティフ（食前酒）でのどをうるおす。食欲《しょくよく》がわいてきたところで、ひと口サイズの料理、アミューズが出てくる。これを食前酒とともにいただくと、つぎに出てくるのはオードブルだ。スープの前の軽い料理で、酸味《さんみ》や塩味のきいたサラダ、あるいはパテなどの肉料理か、ちょっとした魚料理などがだされる。オードブルを食べ終え、つづく料理への期待感が高

桃《もも》のソルベ。フランス料理では口直しとしてだされることがある。

まったところで、スープがだされる。スープがのどをとおりすぎるたびに、いっそう食欲《しょくよく》がわいてくる。そのころには、パンもテーブルにおかれる。パンはすぐに食べ終える必要はない。食べる分だけちぎってバターを塗《ぬ》ったり、料理のソースをつけたりしていただく。
つぎは最初のメインディッシュであるポワソン（魚料理）だ。魚以外にエビなどもよくだされる。ポワソンをソースとともに味わったあとは、口直しとして、グラニテかソルベをいただく。グラニテは、柑橘類《かんきつるい》の果汁《かじゅう》などをベースにしたシャーベット状《じょう》の氷菓子《こおりがし》で、ソルベよりも甘《あま》い氷菓子《こおりがし》のこと。

フランス料理のメインディッシュのビーフステーキ。

冷たいもので味覚をリセットしたあとは、ヴィアンドとよばれる、肉のメインディッシュが登場する。牛、豚《ぶた》、鶏《にわとり》、鴨《かも》、鹿《しか》、子羊などが使われる。食べごたえのある肉料理を赤ワインとともに堪能《たんのう》したあとはサラダをいただく。これは、肉料理のつけ合わせとしてだされることもある。
そして、デセール（デザート）の前に、フランス人が愛してやまないフロマージュ（チーズ）がだされ、これをワインとともに楽しむ。デセールには、アイスクリームやケーキ、フルーツなどをいただき、最後はカフェ・プチフールの時間。コーヒーか紅茶《こうちゃ》などの飲み物とともに、小さなお菓子《かし》をいただきながら、心地よい時間をゆっくりすごす。

いかがだっただろうか。フルコースの説明を読んだだけで、満ちたりた気分になった読者もいるのではないだろうか。フランスは世界一の美食の国だと断言《だんげん》してはばからない人がいるのもうなずける。

二〇一〇年には、中米のメキシコ料理が「メキシコの伝統料理《でんとうりょうり》」として無形文化遺産《いさん》に登録されている。農産物の栽培《さいばい》方法や調理方法、料理など、先祖《せんぞ》から受けつがれてきた食文化が認《みと》められたのだ。メキシコの伝統《でんとう》料理の大切な要素《ようそ》は、マヤ民族やアステカ民族などの先住民から脈々《みゃくみゃく》と受けつがれ、現代《げんだい》にいたっている。

メキシコは十六世紀《せいき》にスペインに侵略《しんりゃく》されると、一八二一年に独立《どくりつ》を果たすまで、スペインによる支配《しはい》が約三百年つづいた。古くからトウモロコシ、インゲンマメ、トウガラシを使った料理が食べられていたが、植民地《しょくみんち》時代にもたらされたヨーロッパの文化によって、それまで食べられていなかった牛や豚《ぶた》、小麦粉《こむぎこ》、さまざまな野菜が取り入れられて融合《ゆうごう》し、現在《げんざい》のメキシコ料理へとつながっている。

メキシコ料理の「タコス」。ひき肉や野菜、チーズなどの具材をトルティーヤでつつんだ食べ物。

メキシコ人が主食としてよく食べているのは「トルティーヤ」。トウモロコシや小麦をすりつぶして粉《こな》にし、水と塩をくわえてこね、平らにのばして焼いたものだ。そのまま食べたり、好みの具材をつつんで「タコス」にして食べたりする。ほかにも揚《あ》げる、蒸《む》す、煮《に》るなどのさまざまな調理法で食べられている。
トウガラシもメキシコ料理には欠かせない食材だ。メキシコ料理といえば辛《から》いというイメージを持つ人も少なくない。メキシコのトウガラシは、辛《から》さの度合いや大きさ、形など、さまざまな種類があり、多様な方法で料理に使われる。インゲンマメもメキシコ料理にとっては特別な食材だ。煮《に》こんだり、すりつぶしてペースト状《じょう》にしたりして日常的《にちじょうてき》に食べられている。

メキシコ料理について、ユネスコは、祖先《そせん》から受けついできた食文化の伝統《でんとう》が、社会の絆《きずな》を強めていると評価《ひょうか》している。メキシコの歴史《れきし》は複雑《ふくざつ》だが、人々《ひとびと》はしたたかに、たくましく生きてきた。祖先《そせん》を大切にし、家族を大切にするメキシコ人の食文化は、のちの世代にも受けつがれていくにちがいない。

最後に、南米のペルーの料理を紹介《しょうかい》しよう。ペルーは、南アメリカ大陸の西岸に位置する国。南北につらなるアンデス山脈《さんみゃく》の東側にはアマゾンのジャングルが広がっている。二〇二三年、無形文化遺産《いさん》に登録されたのは、「セビーチェ」とよばれる伝統《でんとう》料理だ。

セビーチェは、生《なま》の魚介類《ぎょかいるい》をレモンなどの柑橘類《かんきつるい》の果汁《かじゅう》であえたマリネ料理で、トウガラシや塩などで味つけされる。二千年以上も前から伝わる料理とされ、ふだんの食事のほか、お祭りなどの特別なイベントでも提供《ていきょう》される。

セビーチェのレシピは地域《ちいき》ごとに異《こと》なり、千通り以上もあるという。白身魚、タコ、

ペルー料理のタコのセビーチェ。

エビ、貝などの海でとれる魚介類《ぎょかいるい》だけでなく、アマゾン川でとれるマスやナマズ、世界最大の淡水魚《たんすいぎょ》ピラルクなど、内陸の水域《すいいき》にすむさまざまな魚も使われる。そして、地域《ちいき》ごとにちがう地元の野菜や香辛料《こうしんりょう》などもくわえて料理される。同じ調理法でこれほどまで多彩《たさい》な料理がつくられるのは、地域《ちいき》ごとに特色ある文化が大切に受けつがれてきたからなのだろう。

口にしてはいけない意外な食材とは？

世界にはさまざまな食文化があり、それぞれの国や地域《ちいき》で、口にしてはいけないとされる食べ物がある。日本の食文化では、比較的《ひかくてき》自由に何でも食べる傾向《けいこう》にあるが、世界には、豚肉《ぶたにく》を食べない人たちもいれば、牛肉を食べない人たちもいる。

食のタブー（禁止行為《きんしこうい》やマナーに反する言動）は、宗教《しゅうきょう》の教えによることが多い。二〇二三年の統計《とうけい》では、世界人口の八〇・四億人に対して、キリスト教徒は二五・一億人、イスラム教徒は二〇・八億人、ヒンドゥー教徒は一一・九億人、仏教徒《ぶっきょうと》は五・二億人、ユダヤ教徒は〇・二億人とされている。

宗教別《しゅうきょうべつ》に食べ物のタブーを調べてみた。キリスト教は、世界最多の信者数を持つ宗教《しゅうきょう》だ。南北アメリカやヨーロッパなどをはじめ、広く世界の国々《くにぐに》に多くの信者がいる。

この宗教《しゅうきょう》では、基本的《きほんてき》にタブーとされる食べ物はない。ただし、一部の教派《きょうは》では肉食が禁止《きんし》されている。また、肉だけでなく、アルコール類やコーヒー、紅茶《こうちゃ》などを禁止《きんし》している教派《きょうは》もある。

イスラム教は、インドネシアをはじめとするアジア、中東、北アフリカなどに多くの信者がいる。イスラム教徒（ムスリム）の人口は増加傾向《ぞうかけいこう》にあり、二〇七〇年にはキリスト教徒にならぶという推測《すいそく》もあるようだ。

イスラム教の聖典《せいてん》「コーラン」には、食べ物について、つぎのようなルールが記《しる》されている。

「アッラー（神）があなたたちに対して禁《きん》じたのは、死肉、血、豚肉《ぶたにく》、アッラー以外にささげられたものである」

死肉とは、自然死した動物や病死した動物の肉のことである。豚肉《ぶたにく》が禁《きん》じられているのは、豚《ぶた》が不浄《ふじょう》の動物とされているためだ。また、豚肉《ぶたにく》そのものだけでなく、豚肉《ぶたにく》を使ったソーセージやベーコン、豚《ぶた》の骨《ほね》や脂《あぶら》を使ったゼラチンやブイヨン、ラード

（豚《ぶた》の脂《あぶら》）などを口にすることも禁《きん》じられている。牛や羊、山羊《やぎ》などの肉は食べてもよいが、イスラム法にもとづいて食肉処理《しょり》することが必要とされている。イスラム教ではアルコール類も禁《きん》じられていて、飲料用のアルコールだけでなく、調理に使うお酒や、アルコールの入っている調味料、添加物《てんかぶつ》なども口に入れてはいけない。さらに、禁《きん》じられている食べ物には、ふれてもいけないとされている。

食品の材料に禁《きん》じられたものがまざっているかどうか、見た目ではわからないことが多いため、ムスリムがイスラム圏《けん》以外の地域《ちいき》で食事をとる際《さい》は、十分な注意が必要になる。そこで、安心して食事ができるように、「ハラル（ハラール）認証《にんしょう》」という制度《せいど》がもうけられている。食べることがゆるされている食品や、ムスリム用の食事を提供《ていきょう》できる飲食店に、ハラル認証《にんしょう》マークを表示《ひょうじ》させるというものだ。その表示《ひょうじ》があれば、自分で材料や成分を確《たし》かめなくても安心して食べることができる。日本でもハラル認証《にんしょう》のマークを表示《ひょうじ》している飲食店があるので、インターネットで調べたり、入店時に注意して見たりするとよいだろう。

ハラル認証《にんしょう》を受けた食事を「ハラルフード」という。世界には、多くのハラル認証《にんしょう》機関がある。

なお、食べることが禁《きん》じられているものは「ハラム（ハラーム）」という。ムスリムは、ハラムにあたる飲食物をさけなければいけない。ただし、コーランには、禁《きん》じられた食べ物をやむをえず食べた場合は罪《つみ》にならないと記《しる》されている。ムスリムのなかには、厳格《げんかく》には戒律《かいりつ》を守らなくてもよいとしている人たちもいる。たとえば、トルコは、人口の九割《わり》がムスリムのイスラム教の国だが、比較的《ひかくてき》自由に飲酒ができる。
キリスト教、イスラム教につづいて三番めに信者が多いのがヒンドゥー教だ。ヒンドゥー教徒は、インドやネパールなどの国に多数いる。ヒンドゥー教では、牛肉を食べることがタブーとされているからだ。牛が神聖《しんせい》な生き物とされている。牛を殺《ころ》す者は、輪廻転生《りんねてんしょう》の最下層《さいかそう》に落ちるとされている。輪廻転生《りんねてんしょう》とは、命のあるものが死んでは生まれ変わるのをくりかえすことだ。

ヒンドゥー教では、殺生《せっしょう》（生き物を殺《ころ》すこと）をきらっているため、牛だけでなく、肉食全般《ぜんぱん》をさける信者も多い。菜食《さいしょく》（野菜や果物などの植物性《しょくぶつせい》の食品だけを食べること）は不浄《ふじょう》でないとされていて、殺生《せっしょう》をしないバターやヨーグルトなどの乳製品《にゅうせいひん》はゆるされている。ヒンドゥー教徒のなかには、肉を食べる人も少なくない。だが、その場合でも、牛や豚《ぶた》を食べることはさけている。牛は神聖《しんせい》な生き物で、豚《ぶた》は不浄《ふじょう》な生き物とされているからだ。ほかに魚介類《ぎょかいるい》や卵《たまご》、五葷《ごくん》（ニンニク、ニラ、ラッキョウ、タマネギ、アサツキ）とよばれるにおいの強い五種類の野菜もさけられている。

仏教《ぶっきょう》は、世界で四番めに信者の多い宗教《しゅうきょう》で、大きく上座部仏教《じょうざぶぶっきょう》と大乗仏教《だいじょうぶっきょう》に分けられる。インドで生まれた宗教《しゅうきょう》ということもあって、食べ物のタブーについてはヒンドゥー教と似《に》ているようだが、スリランカやタイなどの南アジアを中心に広まった上《じょう》座《ざ》部《ぶ》仏教《ぶっきょう》では、肉は食べてよいとされている。

一方、日本や中国、朝鮮《ちょうせん》などの東・中央アジアを中心に広がった大乗仏教《だいじょうぶっきょう》では、旧《きゅう》来《らい》は菜食《さいしょく》が中心だったが、現代《げんだい》では肉を食べる人が多い。ただし、今でも厳格《げんかく》な僧侶《そうりょ》や信徒は、殺生《せっしょう》をさけるために、肉や魚、卵《たまご》などをさけている。また、動物由来のスープやバター、ラード、五葷《ごくん》も禁止《きんし》の対象《たいしょう》にしている。

日本では、江戸《えど》時代、仏教徒《ぶっきょうと》は基本的《きほんてき》には肉食が禁《きん》じられていたが、明治《めいじ》時代以降《いこう》は多くの宗派《しゅうは》で認《みと》められている。日本固有の宗教《しゅうきょう》の「神道《しんとう》」では、食べ物のタブーはとくにない。

ユダヤ教は、信者の多くが中東のイスラエルにいる。ユダヤ教徒は、「カシュルート」とよばれる、旧約聖書《きゅうやくせいしょ》の戒律《かいりつ》にもとづいた食事規定《きてい》にしたがっている。鳥類（猛《もう》禽類《きんるい》）や馬、豚《ぶた》、ウサギの肉を食べることが禁止《きんし》されているが、牛、鹿《しか》・羊などは食べてもよい。魚介類《ぎょかいるい》では、ひれとうろこのあるもの以外は食べていけないとされ、カニやナマズなどは禁止《きんし》されている。また、アルコール類はカシュルートが認定《にんてい》するものだけがゆるされている。

ユダヤ教徒が安心して食事をするために、カシュルートにしたがった食品であることを認証《にんしょう》するコーシャ制度《せいど》がもうけられている。ユダヤ教の宗教指導者《しゅうきょうしどうしゃ》（ラビ）が、材料や調理方法、製造工程《せいぞうこうてい》などを確認《かくにん》したうえで認証《にんしょう》している。イスラエルの飲食店の多くは、コーシャの証明書《しょうめいしょ》を店頭に掲示《けいじ》しているようだ。

宗教《しゅうきょう》によるタブーということにかぎらず、さまざまな理由で動物由来の食品を食べない人たちがいる。「ベジタリアン（菜食主義者《さいしょくしゅぎしゃ》とも）」とよばれる人たちだ。ベジタリアンは、動物を苦しめることへの嫌悪感《けんおかん》や、地球環境《かんきょう》保全《ほぜん》、食料問題などの解決策《かいけつさく》につながるものとして、あるいは健康志向《しこう》の理由で肉や魚を食べないという選択《せんたく》をしている。ベジタリアンにはさまざまな考えを持った人たちがいて、肉や魚だけを食べない人もいれば、肉や魚とともに卵《たまご》や乳製品《にゅうせいひん》、はちみつも食べない人（ヴィーガン／完全菜食主義者《さいしょくしゅぎしゃ》）もいる。また、肉や魚、卵《たまご》、乳製品《にゅうせいひん》、はちみつを食べないだけでな

ベジタリアンがよく食べる野菜のサラダ。

く、革製品《かわせいひん》、ウールなどの動物製品《せいひん》を身につけない人などもいる。
現代《げんだい》の日本では、どんな食べ物でも自由に選ぶことができるため、こういった食のタブーを意識《いしき》する機会は少ないかもしれない。一方で、国や自治体は、観光やビジネスで来日する外国人に日本での食事を楽しんでもらうために、こういった多様な食習慣《しょくしゅうかん》に対応《たいおう》しはじめている。今後、ますます食のタブーを意識《いしき》したサービスが必要になってくるだろう。

世界のお菓子《かし》

甘《あま》すぎて硬《かた》すぎるビックリ伝統菓子《でんとうがし》

いろいろなジャンルにおける世界一のお菓子《かし》を紹介《しょうかい》しよう。

ただし、その前にひと言。ここで紹介《しょうかい》している世界一のお菓子《かし》は、あくまで一つの意見であることをことわっておきたい。

まずは、フィンランドに古くからあるキャンディー「サルミアッキ」を紹介《しょうかい》する。

これは、炭のように黒く、世界一まずいキャンディーといわれている。「ゴムの味だ」とか「タイヤの味だ」などと言う人もいる。それにもかかわらず、なぜかフィンランドをふくむ北欧《ほくおう》の国々《くにぐに》では、子どもから大人《おとな》まで大人気で、日常的《にちじょうてき》に食べられている。

スーパーには、サルミアッキの販売《はんばい》コーナーがもうけられているところもあり、チョコレート味やコーラ味、はちみつ味など、さまざまな商品が販売《はんばい》されている。

おもな材料は、塩化アンモニウムとリコリスだ。塩化アンモニウムは、肥料《ひりょう》や乾電《かんでん》池《ち》などの材料に使われていて、アンモニア臭《しゅう》があり、なめるとしょっぱい。リコリスは、和名で甘草《かんぞう》とよばれる植物で、お菓子《かし》の風味づけによく使われているものだ。

サルミアッキは、もとはのどの薬として販売《はんばい》されていたが、そのうちキャンディーとして食べられるようになったらしい。しかし、これほど味の評価《ひょうか》が分かれるのもめずらしい。味覚の尺度《しゃくど》が人によってちがうことをつくづく感じさせられる。

つぎは、世界一甘《あま》いといわれているインドの伝統菓子《でんとうがし》を紹介《しょうかい》しよう。「グラブジャムン」という、強烈《きょうれつ》な甘《あま》さのシロップにどっぷり漬《つ》けこんだボール型《がた》の揚《あ》げドーナツだ。このお菓子《かし》を

サルミアッキ。北欧諸国《ほくおうしょこく》では、昔から親しまれている伝統的《でんとうてき》なキャンディー。

つくるには、かならずスパイスのカルダモンがくわえられる。ねっとりしたシロップの容赦《ようしゃ》ない甘《あま》さに、カルダモンの刺激的《しげきてき》でさわやかな風味がまじる。極甘《ごくあま》のシロップがしみこんだこのドーナツボールは、お祝いの席によくだされるという。シロップごと入った缶詰《かんづめ》も販売《はんばい》されているようで、「脳《のう》を刺激《しげき》するほど甘《あま》いお菓子《かし》だ」と言う人もいる。

グラブジャムンほどではないにしても、インドには極甘《ごくあま》のお菓子《かし》がたくさんある。ふだんからスパイスのきいた激辛《げきから》の料理を食べているインドの人たちは、お菓子《かし》を徹底的《てっていてき》に甘《あま》くすることで、味覚のバランスをたもっているのかもしれない。インド人がよく飲んでいるチャイ（紅《こう》茶《ちゃ》を牛乳《ぎゅうにゅう》で煮出《にだ》した飲み物）にも、たいていは砂糖《さとう》がたっぷり入っている。今や中国を超《こ》えて

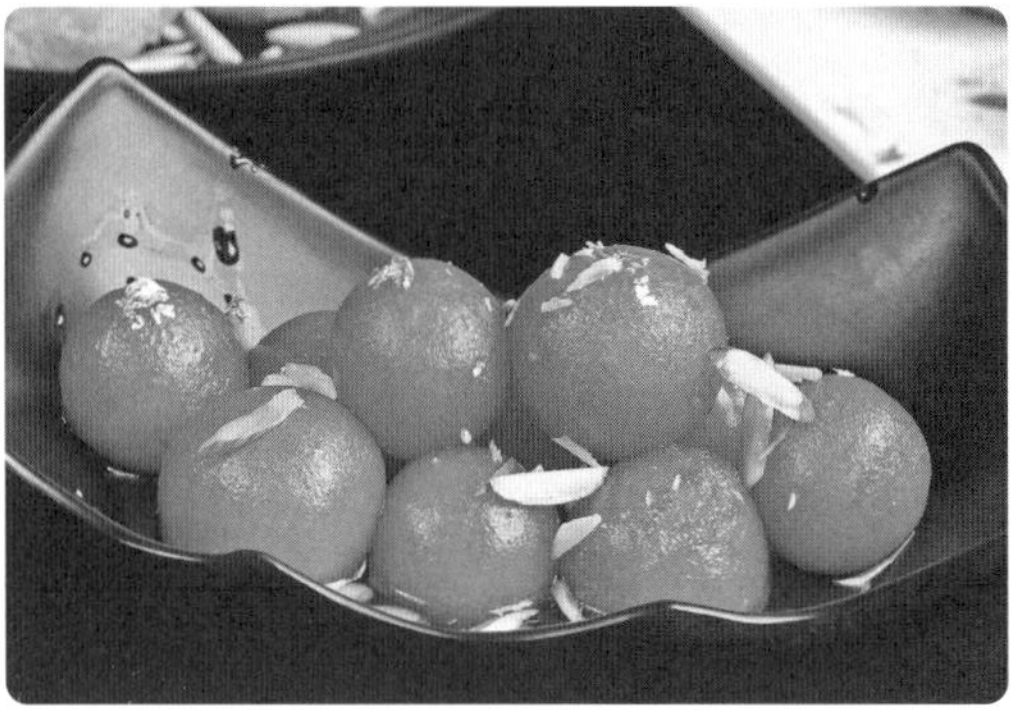

グラブジャムン。インドでは、結婚式《けっこんしき》やパーティーなどには欠かせない甘《あま》いお菓子《かし》。

世界一の人口を誇《ほこ》るインドだが、じつは糖尿病《とうにょうびょう》大国といわれるほど、糖尿病《とうにょうびょう》の患者数《かんじゃすう》が多いという。もしかしたら、インドの伝統的《でんとうてき》な食習慣《しょくしゅうかん》が影響《えいきょう》しているのかもしれない。

つぎに、世界一古くから食べられているスイーツを紹介《しょうかい》しよう。「セアダス」とよばれるお菓子《かし》で、地中海にうかぶイタリアの島、サルデーニャ島に五千年も前から伝わっている。

この世界最古のスイーツの生地《きじ》は、粗挽《あらび》きの小麦粉《こむぎこ》（セモリナ粉《こ》）でつくられている。レモンピールで味つけしたペコリーノチーズ（羊のミルクでつくるチーズ）を、生地《きじ》でつつんで円形にととのえ、ラード（豚《ぶた》の脂《あぶら》）で揚《あ》げてはちみつをかける。いわば、はちみつたっぷりの甘《あま》い熱々《あつあつ》揚《あ》げ餃子《ギョーザ》といったところだろうか。

材料の小麦も羊のミルクも、ラードもはちみ

世界最古のデザートともいわれるセアダス。甘口《あまくち》のワインといっしょに食べられることが多い。

つも、いずれもサルデーニャ島でとれるもののようだ。外側はサクサクの食感で、中はとろとろ。はちみつの甘《あま》さとチーズの塩味、レモンの酸味《さんみ》がマッチした、飽《あ》きのこない味のスイーツだ。

いぶして乾燥《かんそう》させたチュゴ。チュゴは、歯が欠けるほど硬《かた》いおやつといわれている。

つぎは世界一硬《かた》いおやつといわれている、ブータンの伝統《でんとう》食品を紹介《しょうかい》しよう。ブータンは、ヒマラヤ山脈《さんみゃく》の南のふもとに位置している。北部は標高七千五百メートルを超《こ》えるが、南部は標高百メートルという、とんでもない高低差のある国だ。そんな国で食べられている硬《かた》いおやつは、「チュゴ」とよばれるブロック状《じょう》の乾燥《かんそう》チーズだ。白色のものと、いぶして茶色になったものがあって、大きなキャラメルのようにも見えるが、これがたいへん硬《かた》い。「石のように硬《かた》い」と言う人がいるほどだ。

チュゴは、ヤクのミルクでつくられている。ヤクとは、高地に適応《てきおう》したウシ科の動物で、長い毛におおわれているのが特徴《とくちょう》だ。家畜化《かちくか》されたものには、黒、褐色《かっしょく》、白、黒と白のぶちなど、さまざまな色のヤクがいて、運搬用《うんぱんよう》、乳用《にゅうよう》、肉用として飼育《しいく》されている。

ヤクのミルクでつくったチーズを四角く切り、ひもをとおして何個《なんこ》もつなげる。これを天日干《てんぴぼ》しにして完成させるため、市場《いちば》や店では、数珠《じゅず》つなぎになったチュゴが何本もぶらさげられている。かじると、歯が欠けそうになるほどの硬《かた》さで、味は素朴《そぼく》な甘《あま》みがかすかにある程度《ていど》。溶《と》けてなくなるまでに三十分以上もかかるらしい。

つぎに紹介《しょうかい》するのは、トルコなど中東の国の人々《ひとびと》に古くから愛されている伝統菓子《でんとうがし》「バクラバ」だ。バクラバは、小麦粉《こむぎこ》でつくる極薄《ごくうす》の生地《きじ》を何十層《そう》にも重ね、くだいたピスタチオやアーモンドなどをはさんで焼きあげ、シロップをかけて完成させる。俵形《たわらがた》や四角、三角といった形に切りわけられることが多い。砂糖《さとう》やバター、はちみつをたっぷり使っているため、口に入れるとサクサクした食感とともに、とろりとした濃厚《のうこう》な甘《あま》さが味わえる。

二〇一八年、トルコの首都、アンカラで、なんと重さ五百十八キロという、世界一重いバクラバが披露《ひろう》され、ギネス世界記録に認《にん》定《てい》された。この巨大《きょだい》な伝統菓子《でんとうがし》は、十数人のシェフたちが六か月間かけてつくったという。

バクラバ。強い甘《あま》さが特徴《とくちょう》で、紅茶《こうちゃ》やコーヒーといっしょに味わう。

最後に、主観的ではあるが、世界一笑えるのではないかと思う名前のお菓子《かし》を紹介《しょうかい》したい。フランスの伝統菓子《でんとうがし》「ペ・ド・ノンヌ」だ。日本語に訳《やく》すと「尼《あま》さんのおなら」だ。

ペ・ド・ノンヌは、丸くころんとしたキツネ色のお菓子《かし》だ。使われている生地《きじ》は、シュークリームやエクレアの皮にも使われているシュー生地《きじ》で、水、バター、卵《たまご》などをまぜてつくる。シュー生地《きじ》をしぼりだして、熱した油に落としてこんがりと揚《あ》げ、粉砂糖《こなざとう》をふりかければできあがりだ。名前の由来はよくわからないらしいが、一説には、修道院《しゅうどういん》のシスター（尼《あま》）が料理の最中におならをしてしまい、思わずシュー生地《きじ》をひとさじ、揚《あ》げ油《あぶら》の中に落としたのが、このお菓子《かし》のはじまりだとされている。フランスの紳士《しんし》・淑女《しゅくじょ》が、すまし顔で「この尼《あま》さんのおなら、おいしいですね」なんて言うのだろうか。

ちなみに、この名前を口にするのをひかえたい人のために、「スピール・ド・ノンヌ」という呼《よ》び名《な》もある。日本語に訳《やく》すと「尼《あま》さんのため息」。おならもため息も、どちらも体内から出るものだから、かなり上手《じょうず》な言いかえかもしれない。

名前がユニークなぺ・ド・ノンヌ。

世界の珍味《ちんみ》

カエルもワニもコウモリもおいしい食材!?

世界にあるちょっとめずらしい食べ物を紹介《しょうかい》しよう。

みなさんは、「世界三大珍味《ちんみ》」とよばれる食材を知っているだろうか。答えはトリュフ、キャビア、フォアグラ。いずれもかなりの高級食材だ。

トリュフは、キノコの一種で、小さいジャガイモのような形をしている。芳醇《ほうじゅん》でまろやかな香《かお》りを放ち、「食卓《しょくたく》のダイヤモンド」といわれることもある。薄《うす》くスライスして、サラダやパスタ、リゾットなどの料理に香《かお》りづけとしてかけることが多い。卵《たまご》や乳製品《にゅうせいひん》との相性《あいしょう》がよく、卵料理《たまごりょうり》にもよく使われる。

トリュフは地中で育つので、発見するのがむずかしい。そのため、特別に訓練された犬や豚《ぶた》を使って探《さが》させることが多い。トリュフは、大きく黒トリュフと白トリュフ

ゆたかな香《かお》りの黒トリュフ。

に分けられ、黒トリュフはフランスやスペインなどでとれる。とくに南フランスのペリゴール地方産が有名だ。白トリュフは、おもにイタリアなどでとれ、黒トリュフよりも香《かお》りが強く、高値《たかね》で取り引きされている。
キャビアは、チョウザメの卵巣《らんそう》をほぐして卵《たまご》を塩漬《しおづ》けにしたものだ。一般的《いっぱんてき》には黒褐色《こっかっしょく》で、粒《つぶ》はイクラよりだいぶ小さく、びん詰《づめ》や缶詰《かんづめ》にすることが多い。独《どく》特《とく》な塩味と、はじけるような食感が魅力《みりょく》で、そのままスプーンで食べたり、クラッカーやパン、パスタなどにのせて食

料理に使用されるびん詰《づめ》のキャビア。

べたりする。チーズやサワークリームとも相性《あいしょう》がよい。ロシア産のオオチョウザメのキャビアが最高級品とされている。チョウザメは乱獲《らんかく》によって絶滅《ぜつめつ》の危機《きき》にあり、出まわっているキャビアのほとんどは養殖《ようしょく》によるものだ。
フォアグラは、ガチョウやアヒルの肝《かん》臓《ぞう》を肥大《ひだい》させて育てたもの。えさを大量にあたえて太らせ、肝臓《かんぞう》を大きくさせている。脂肪分《しぼうぶん》が多く、味は濃厚《のうこう》でクリーミー。舌《した》ざわりがなめらかで、とろけるような食感が味わえる。フランス料理の前菜などに使われることも多く、そのま

濃厚《のうこう》な味わいのフォアグラのソテー。

まソテーにしてもおいしいし、テリーヌやパテにして、パンといっしょに食べてもおいしい。フォアグラの歴史《れきし》は古く、古代ローマ時代から食べられていたという。しかし、鳥を強制的《きょうせいてき》に太らせる生産方法をとっているため、動物愛護《どうぶつあいご》の観点から反対運動も起きている。

つぎは中華《ちゅうか》料理の珍味《ちんみ》も紹介《しょうかい》しよう。

中華《ちゅうか》料理は、フランス料理、トルコ料理とならぶ「世界三大料理」のひとつだ。その中華《ちゅうか》料理で珍味《ちんみ》としてよくあげられるのは、フカひれ、アワビ、そしてツバメの巣だろう。

アナツバメの巣を乾燥《かんそう》させたもの。

「ツバメの巣」は、日本の家の軒下《のきした》などで見られるあのツバメではなく、アナツバメの巣である。その巣は、インドネシアなどの東南アジアの海辺の絶壁《ぜっぺき》などに、横穴《よこあな》を掘《ほ》ってつくられる。じつは、巣のほとんどがアナツバメの唾液《だえき》からできていて、それを食べるというのだから驚《おどろ》きだ。アナツバメを養殖《ようしょく》して巣をつくらせるのがむずかしいこともあって、非常《ひじょう》に高価《こうか》な食材として流通している。
料理に使うツバメの巣は、採取後《さいしゅご》に乾《かん》燥《そう》させたもので、水につけてもどしてから煮《に》こむ。中華圏《ちゅうかけん》の人は、やわらかく煮《に》こんだツバメの巣をスープの具にしたり、料理の中に入れたり、デザートとして食べたりする。なめらかな食感と独特《どくとく》の風味が魅力《みりょく》で、美容《びよう》や健康を促進《そくしん》する食材としてもたいへんな人気を得《え》ているのだ。

キャビアやツバメの巣は日本でも食べられるので、それほどめずらしくはないかもしれない。ここからは、日本でほとんど食べられていない食材を紹介《しょうかい》しよう。

中国やインドネシア、タイ、ベトナムなどでは、カエルの肉がよく食べられている。揚《あ》げ物《もの》や炒《いた》め物《もの》にすることが多く、食感や味は鶏肉《とりにく》のササミに似《に》ている。フランス料理にも、古くからカエルを使った料理がある。骨《ほね》つきの後《うし》ろあしをニンニクとバターで炒《いた》めるというものだ。同じような調理方法では、フランス料理で使われるエスカルゴ（カタツムリ）のほうがよく知られているかもしれない。

日本には、ウシガエルというカエルが生息している。日がくれはじめると、牛のような声で鳴く大きなカエルだ。もともと食用としてアメリカから日本に輸入《ゆにゅう》されたものだが、日本ではウシガエルを食べる習慣《しゅうかん》が根づくことはなかった。その後、ウシガエルは日本で大繁殖《だいはんしょく》してしまい、今では生態系《せいたいけい》に大きな被害《ひがい》をおよぼすとして特定外来生物に指定されている。

オーストラリアやアフリカでは、ワニを食べる文化がある。ワニの肉は淡泊《たんぱく》でくさみがなく、鶏肉《とりにく》のような味だ。ステーキや照り焼きにしたり、スープに入れたりしている。爪《つめ》や皮を残したまま調理して、客に提供《ていきょう》するレストランもあるようだ。

インドネシアやラオスなどの東南アジアや、パラオなどのオセアニアの国々《くにぐに》では、コウモリを食べる習慣《しゅうかん》がある。食用になるコウモリは、おもに果実や花の蜜《みつ》を食べているフルーツコウモリ（オオコウモリ）だ。このコウモリは、煮《に》こんだり、串《くし》焼《や》きにしたり、スープに入れたりして食べることが多い。食感や味は鶏肉《とりにく》に似《に》ているという。

最後に紹介《しょうかい》するのは毒《どく》ヘビのキングコブラだ。沖縄《おきなわ》ではハブを使った料理が有名だが、ベトナムではキングコブラを食べる風習がある。全長四メートルもある世界最大の毒《どく》ヘビで、二十人の人間を死にいたらせる量の毒《どく》を持っている。ベトナムの一部の地域《ちいき》では、冠婚葬祭《かんこんそうさい》などの大事なときにキングコブラの料理が提供《ていきょう》され、大人数で分

コブラの肉を炒《いた》めた料理。

けあって食べる伝統《でんとう》がある。ほぼすべての部位が使われ、炒《いた》めたり、ゆでたり、春巻《はるま》きにして油で揚《あ》げたりしている。肉はかなり弾力《だんりょく》があって小骨《こぼね》が多く、食べにくいという。
世界には、わたしたちが想像《そうぞう》したこともない食材がまだまだたくさんある。でも、それは逆《ぎゃく》の立場からもいえることだ。日本人のよく食べる食材が、外国人にとっては受け入れがたいものかもしれないからだ。

世界の昆虫食《こんちゅうしょく》

イモムシはお酒のつまみにちょうどいい？

近年、世界中で昆虫食《こんちゅうしょく》への関心がよせられている。きっかけは、二〇一三年に国連食糧農業機関《しょくりょうのうぎょうきかん》（ＦＡＯ）から発表された報告書《ほうこくしょ》だ。この報告書《ほうこくしょ》では、近い将来《しょうらい》、世界の人口増加《ぞうか》によって食料危機《きき》がおとずれると予測《よそく》し、栄養価《えいようか》の高い昆虫《こんちゅう》を食べることを推奨《すいしょう》している。それ以来、人類の危機《きき》を救《すく》う新たなタンパク源《げん》として、昆虫《こんちゅう》が期待されるようになったのだ。

現在《げんざい》、日本では、さまざまな昆虫《こんちゅう》食品が販売《はんばい》されている。昆虫《こんちゅう》の姿《すがた》をそのままとどめた食品もあれば、粉末状《ふんまつじょう》にして加工したお菓子《かし》や麺類《めんるい》、昆虫《こんちゅう》のエキスを配合したドリンク類もある。通信販売《はんばい》などで購入《こうにゅう》できるほか、昆虫《こんちゅう》食品が買える自動販売機《じどうはんばいき》も設《せっ》置《ち》されはじめている。

しょうゆや砂糖《さとう》で甘辛《あまから》く味つけしたイナゴの佃煮《つくだに》。日本の山間部の貴重《きちょう》なタンパク源《げん》として食べられている。

昆虫食《こんちゅうしょく》が期待されているのは、栄養価《えいようか》の高さだけではない。昆虫《こんちゅう》は繁殖力《はんしょくりょく》が強く、せまい場所でも飼育《しいく》できるし、牛、豚《ぶた》、鶏《にわとり》などの家畜《かちく》にくらべて、水や飼料《しりょう》（えさ）も少ない量ですむ。そのため、飼料《しりょう》を生産する際《さい》の森林伐採《ばっさい》や、家《か》畜《ちく》の排泄物《はいせつぶつ》による環境汚染《かんきょうおせん》がおさえられるといわれているのだ。
日本には、古くから昆虫食《こんちゅうしょく》の歴史《れきし》があり、平《へい》安《あん》時代にはすでに昆虫《こんちゅう》が食べられていた記録がある。現代《げんだい》でも、たとえば、長野県《ながのけん》では、イナゴや蜂《はち》の子《こ》（ハチの幼虫《ようちゅう》）、カイコ（カイコガ）のさなぎ、ざざむし（トビケラやカワゲラなどの水生幼虫《ようちゅう》）が佃煮《つくだに》や甘露煮《かんろに》にして食べられて

カイコのさなぎをゆでて味つけした韓国《かんこく》のポンテギ。値段《ねだん》が安く、栄養価《えいようか》は高い。

いる。長野県《ながのけん》の山間部では、海産物が入手しにくかったことから、タンパク質《しつ》をとるために昆虫食《こんちゅうしょく》の習慣《しゅうかん》が根づいたともいわれている。

さて、世界を見渡《みわた》してみると、伝統的《でんとうてき》な昆虫《こんちゅう》食《しょく》の文化を持つ国がたくさんある。

韓国《かんこく》では、古くから「ポンテギ」とよばれる昆虫《こんちゅう》食品がある。お酒のつまみとしても、おやつとしても食べられているカイコのさなぎだ。見た目はさなぎそのままで、ゆでるか蒸《む》すか揚《あ》げるかして、塩やしょうゆなどで味つけされている。色は味つけによってちがい、茶色っぽかったり、黒っぽかったりする。殻《から》はカリカリとした食感で、中身には汁《しる》がしみている。特有のにおいがするので、韓国《かんこく》でも好《す》ききらいは分かれるようだが、タンパク質《しつ》が豊富《ほうふ》にふくまれていて、栄養価《えいようか》が高いという。ポンテギは、屋台や食堂《しょくどう》、居酒屋《いざかや》でも食べられるし、スーパーでは缶詰《かんづめ》が販売《はんばい》されている。屋台では、よく大鍋《おおなべ》で大量にゆでられていて、注文すると紙コップに入れてわたしてくれる。つまようじでポンテギを刺《さ》しながら、気軽に食べ歩きできるというわけだ。

前述《ぜんじゅつ》したように、長野県《ながのけん》などでもカイコのさなぎは食べられている。日本におけるカイコの食用化の歴史《れきし》は、養蚕業《ようさんぎょう》と切っても切れない関係にあるという。絹糸《きぬいと》は、カイコの繭《まゆ》をそのままゆでてさなぎを取りだして、繭《まゆ》から糸をほどいていく。絹糸《きぬいと》を取ったあとは、さなぎが大量に残ってしまうので、それをすてずに有効《ゆうこう》利用したのだ。

アフリカの各地では、その地域《ちいき》に生息するさまざまな昆虫《こんちゅう》が昔から食用にされている。ケニアの西部では、シロアリをよく食べている人たちがいる。日本でシロアリというと、住宅《じゅうたく》の木材を食べて多大な被害《ひがい》をもたらす害虫というイメージが強いが、アフリカでは高カロリーの重要な栄養源《えいようげん》として活用されている。

雨季はシロアリの交尾期《こうびき》にあたり、羽アリが大量に出現《しゅつげん》する。通常《つうじょう》、シロアリは羽を持っていないが、新しい巣をつくるために羽のついた羽アリが大量にあらわれる。現地《げんち》の人たちは、羽アリが巣から飛び立つ前に布《ぬの》をかぶせるなどしてつかまえている。羽を取りのぞいて生《なま》で食べるほか、ウガリ（トウモロコシなどの粉《こな》にお湯を入れて練《ね》ったもの）にまぜたり、天日干《てんぴぼ》しにして乾燥《かんそう》させたものを炒《いた》めたりするなど、さまざまな調理法で食べている。アフリカの食文化も変わりつつあるなかで、ケニアでは、保健省《ほけんしょう》が発行しているレシピ本でもシロアリ料理が紹介《しょうかい》されるなど、昆虫食《こんちゅうしょく》の伝統《でんとう》文化を守ろうとする動きも見せている。

ナミビアなどのアフリカ南部では、シロアリのほかに、ヤママユガの幼虫《ようちゅう》も食用にされている。乾燥《かんそう》させて保存食《ほぞんしょく》にしたものをそのまま食べたり、水でもどしてから調理したりしているようだ。市場《いちば》にもならんでいるし、塩ゆでにしたヤママユガの幼虫《ようちゅう》の缶詰《かんづめ》がスーパーなどでも売られている。アフリカ南部では、ほかにもコガネムシの幼虫《ようちゅう》やカメムシなどもよく食べられている。

タケムシの幼虫《ようちゅう》の素揚《すあ》げ。スナック菓子《がし》のようなサクサクした食感で食べやすい。

タイでも、さまざまな昆虫《こんちゅう》が食用にされている。コオロギ、バッタ、タガメ、タマムシ、カブトムシ、アリなど、食用の昆虫《こんちゅう》は五十種類以上あり、昆虫食《こんちゅうしょく》大国などといわれることもある。なかでも人気なのは、タケムシの幼虫《ようちゅう》だという。
タケムシとは、おもに東南アジアに生息するタケツトガというガの幼虫《ようちゅう》のこと。竹の節の中にいて竹を食べて育つイモムシだ。タイ語では、「ロットドゥアン」とよばれているが、急行列車という意味らしい。タイでも、虫が苦手で食べない人はいるが、そんな人でもタケムシだけはよく食べるという。軽く炒《いた》めて塩などをふりかけると、スナック感覚で食べられる。くさみ

細かくくだいたコオロギの粉末《ふんまつ》を生地《きじ》に練《ね》りこみ、油で揚《あ》げたコオロギチップス。

がなくて食べやすく、大人《おとな》にとっては、ビールのつまみにぴったりなのだとか。

メキシコも昆虫食《こんちゅうしょく》大国といわれている。メキシコの昆虫食《こんちゅうしょく》文化は、植民地時代より前からはじまり、現代《げんだい》までつづいている。五百種以上の昆虫《こんちゅう》が食べられているという調査《ちょうさ》結果もある。なかでもバッタがよく食用にされていて、塩やトウガラシなどで味つけして揚《あ》げたり、トルティーヤで巻《ま》いてタコスにしたりして食べるという。

今後、世界の昆虫食《こんちゅうしょく》市場《しじょう》は、ますますさかんになると見こまれている。ヨーロッパでは、以前は昆虫食《こんちゅうしょく》に対して強い抵抗《ていこう》があったが、二〇一八年からEU（欧州連合《おうしゅうれんごう》）全体で食用昆虫《こんちゅう》の取り引きが自由におこなわれるようになった。また、昆虫《こんちゅう》の飼育《しいく》や加工に関する技術《ぎじゅつ》の開発も進んでいる。

未来の食料危機《きき》を救《すく》うと期待されている昆虫《こんちゅう》のなかでも、とくに注目されているのはコオロギのようだ。コオロギの栄養価《えいようか》は非常《ひじょう》に高く、同じ量の牛肉よりもタンパク質《しつ》が多い。ビタミンやミネラル、食物繊維《しょくもつせんい》なども豊富《ほうふ》にふくんでいる。また、なんといっても、コオロギは産卵《さんらん》から出荷まで四十～五十日程度《ていど》という短期間で生産できる。

日本にも食用コオロギの養殖場《ようしょくじょう》があるが、そのさきがけはタイだという。タイでは、一九九八年からコオロギの養殖《ようしょく》事業がはじめられた。稲作《いなさく》の副業として農家に注目されたこともあってどんどん普及《ふきゅう》し、二〇二二年には二万八千か所でコオロギの養殖《ようしょく》がおこなわれている。

古くて新しい昆虫食《こんちゅうしょく》。将来《しょうらい》、わたしたちの食卓《しょくたく》にも、昆虫《こんちゅう》を使った料理がならぶようになるのだろうか。

世界の三大珍《ちん》コーヒー

動物のふんからコーヒー豆!?

コーヒーの木の果実（コーヒーチェリー）。

コーヒーの話をしよう。
コーヒーは、コーヒーノキ（コーヒーの木）の種子を焙煎《ばいせん》（ロースト）し、挽《ひ》いてくだいた粉《こな》にお湯か水をそそいで抽出《ちゅうしゅつ》した飲み物だ。コーヒーの果実はサクランボに似《に》ていることから、コーヒーチェリーともよばれている。果実の中心に種子があり、果肉がそのまわりをつつんでいる。わたしたちがコーヒー豆とよんでいるのは、焙煎《ばいせん》して茶色くなった種子のことだ。

焙煎《ばいせん》したコーヒー豆。

コーヒーは、紅茶《こうちゃ》とならんで、世界中の人々《ひとびと》に愛されている飲料だ。有名な品種は、タンザニアの「キリマンジャロ」、ジャマイカの「ブルーマウンテン」、ハワイの「コナ」があり、この三種のコーヒーが「世界三大コーヒー」といわれている。コーヒー好きの人なら、よく知っている銘柄《めいがら》だろう。

では、「世界三大珍《ちん》コーヒー」とよばれるコーヒーを知っているだろうか。どれもかなり高価《こうか》で、興味深《きょうみぶか》い生産方法でつくられているのだ。

一つめは、インドネシアの「コピ・ルアク（ルアークコーヒー）」。これは、ジャコウネコという動物のふんからつくったコーヒーだ。インドネシア語で、「コピ」はコーヒー、「ルアク」はジャコウネコを意味している。

コピ・ルアクの生産方法はつぎのとおりだ。

まずはジャコウネコにコーヒーの実を食べさせる。ジャコウネコが排泄《はいせつ》したふんを回収《かいしゅう》し、コーヒーの種子を取りだす。それを洗浄《せんじょう》して乾燥《かんそう》させ、焙煎《ばいせん》すればできあがりだ。ジャコウネコの体内に入ったコーヒーの果実は、果肉の部分は消化されるものの、種子は消化されずに排泄《はいせつ》される。胃腸《いちょう》の中で、消化酵素《こうそ》や腸内細菌《ちょうないさいきん》が種子をほどよく発酵《はっこう》させ、かぐわしい香《かお》りと味がついたコーヒー豆になるのだ。

インドネシアでコーヒーが栽培《さいばい》されはじめたのは一八三〇年代だ。当時、インドネシアはオランダの植民地《しょくみんち》で、農家が生産したコーヒー豆は、オランダ政府《せいふ》によって、ほぼすべてが強制的《きょうせいてき》に輸出《ゆしゅつ》されていた。現地《げんち》の人たちが楽しむためのコーヒーは残されていなかったのだ。そんなある日、コーヒー農家の一人が、野生のジャコウネコのふんにコーヒー豆が消化されずに残っているのに気づき、コーヒーにして飲んでみた。これがコピ・ルアクの誕生《たんじょう》のきっかけだったといわれている。

独特《どくとく》で複雑《ふくざつ》な味わいがするこのコーヒーは、ジャコウネコのふんから採取《さいしゅ》するので、少量しか取れない。そのため、希少価値《かち》の高いコーヒーとして、かなりの高値《たかね》で取り引きされているのだ。

世界三大珍《ちん》コーヒーの二つめは、アフリカの「モンキーコーヒー」。こちらは、サルのふんから回収《かいしゅう》してつくっている。生産過程《かてい》はコピ・ルアクと同じように、サルにコーヒーの果実を食べさせ、腹《はら》の中で発酵《はっこう》させるというものだ。

台湾《たいわん》にも「モンキーコーヒー」とよばれるものがある。こちらはふんを回収《かいしゅう》するのではなく、サルが口からはきだした種子を集めている。サルはコーヒーの実を口に入れ、果肉の部分だけを食べて、種子をはきだす。

世界三大珍《ちん》コーヒーの三つめは、ベトナムの「タヌキコーヒー」。タヌキのふんからコーヒー豆を採取《さいしゅ》したものだ。ベトナムは、世界でも有数のコーヒー産地で、ブラジルにつぐ世界二位のコーヒー生産国だ。

このタヌキコーヒーが誕生《たんじょう》したきっかけは、まったくの偶然《ぐうぜん》だったといわれる。あるコーヒー農園で、コーヒーの実が完全に熟《じゅく》すのを待っていたところ、夜、森からタヌキがやってきて、収穫《しゅうかく》するはずの果実を食べつくしてしまった。お客をもてなすためのコーヒー豆はほかになく、農家の人は、しかたなくタヌキのふんの中からコーヒー豆を取りだして洗《あら》い、焙煎《ばいせん》してコーヒーをいれたという。

世界三大珍《ちん》コーヒーは、いずれも動物のふんから採取《さいしゅ》する。この方法は、大量に生産できないが、おいしいコーヒー豆をつくるには有効《ゆうこう》なのだろう。ほかの動物のふんからつくられるコーヒーも紹介《しょうかい》しよう。

ペルーでは「ウチュニャリコーヒー」というコーヒーがつくられている。これは、ハナグマのふんからとったコーヒーだ。ハナグマはアライグマの仲間で、体長は五十センチほど。南アメリカなどの森林や草原地帯に生息している。このコーヒーも、最高級品のコーヒーとして評価《ひょうか》が高い。

コーヒー生産大国のブラジルでは、「ジャクーコーヒー」というコーヒーがつくられている。ジャクーとは、キジ目《もく》の鳥で、この鳥のふんからコーヒー豆を採取《さいしゅ》しているのだ。農園では、ジャクーをコーヒーノキの近くで飼育《しいく》し、コーヒーの果実を食べさせている。鳥の体内にとどまる時間が短いためか、ジャクーコーヒーは、コピ・ルアクなどよりもすっきりした味わいになるそうだ。

そして、タイでは、巨大《きょだい》な動物のふんからコーヒー豆を取りだしている。その動物とは、タイの人々《ひとびと》が敬意《けいい》を払《はら》ってやまないゾウだ。このコーヒー豆は「ブラック・アイボリー」とよばれている。

ゾウは体が大きい動物なので、コーヒーの種子は消化器官の中をめぐりながら、じっくり時間をかけて発酵《はっこう》・熟成《じゅくせい》されていく。そのため、味わいはなめらかでマイルドになる。しかも、バナナやサトウキビなどもいっしょに消化されているためか、フルーティーな味わいもくわわるという。

コーヒーには、人をリラックスさせる成分が多くふくまれていて、さまざまな健康効果《こうか》があることが実証《じっしょう》されている。ここで紹介《しょうかい》したコーヒーは、高価《こうか》で入手しにくいものばかりだが、コーヒー好きなら、一度は飲んでみたいと思うのではないだろうか。

おしっこは飲んでもだいじょうぶ!?

わたしたちは、一日のうちに何度も飲み物を口にしている。ふだんからよく飲むものといえば、水、牛乳《ぎゅうにゅう》、スポーツドリンク、オレンジジュース、アップルジュース、炭酸《たんさん》ジュース、緑茶、麦茶、ウーロン茶、コーヒー、紅茶《こうちゃ》……。あげればキリがないほど、いろいろな種類の飲料を楽しんでいる。しかし、世界には、わたしたちが考えもしないような飲み物が存在《そんざい》している。

インドには、牛のおしっこが入ったドリンクがある。インドの人口の約八割《わり》が信仰《しんこう》するヒンドゥー教では、牛は神聖《しんせい》な生き物とされている。インドの伝統《でんとう》医学「アーユルヴェーダ」では、牛のおしっこには健康を増進《ぞうしん》する力や病気を治癒《ちゆ》する力があるとされていて、一部の人たちのあいだでは、昔から牛の尿《にょう》を飲む習慣《しゅうかん》があるのだ。牛のおしっこの成分は、九八パーセントが水分、残りは尿素《にょうそ》、アンモニア、各種のミネラルで構成《こうせい》されている。牛のおしっこをふくんだものは、ドリンクのほか、医薬品や洗剤《せんざい》などもつくられている。ドリンクでは、尿《にょう》のにおいや味は完全に除去《じょきょ》されているようだ。

じつは日本の民間療法《りょうほう》にも、昔から自分の尿《にょう》を飲むという健康法がある。尿療法《にょうりょうほう》や飲尿療法《いんにょうりょうほう》などとよばれている。尿《にょう》は体の外に排出《はいしゅつ》するまでは無菌状態《むきんじょうたい》だから、たいへんきれいだという。ただし、体外に出ると、すぐに雑菌《ざっきん》が繁殖《はんしょく》してしまうため、飲む場合は新鮮《しんせん》なものでなければいけないらしい。日本の一部の地域《ちいき》では、切《き》り傷《きず》ややけどをしたところにおしっこをかけるという風習もあったようだ。しかし、いずれも科学的な裏《うら》づけがないので、やるべきではない。

中国には、「虫糞茶《ちゅうふんちゃ》」とよばれるお茶がある。広西《こうせい》チワン族自治区や湖南省《こなんしょう》などでつくられていて、名前のとおり、虫のふんのお茶だ。茶の葉などを食べるガの幼虫《ようちゅう》のふんを乾燥《かんそう》させてつくられる。

もとはミャオ族という中国の少数民族に伝わるお茶だといい、色は濃《こ》い赤茶色で、ふんによる異臭《いしゅう》はない。ガの種類や、ガが食べる植物の種類によって、いろいろなタイプに分かれ、ちがった味や香《かお》りが楽しめるという。通常《つうじょう》の茶葉よりも、幼虫《ようちゅう》の体内で分解《ぶんかい》された茶葉のほうがうま味をますのだろうか。

竹の葉を食べるジャイアントパンダ。パンダのふんは未消化の葉が多くふくまれ、植物のにおいがする。

ふんを使った中国茶といえば、四川省《しせんしょう》には、「パンダ茶」という緑茶がある。パンダは中国の国宝《こくほう》であり、日本でも大人気の動物だ。このお茶は、パンダのふんを肥料《ひりょう》にして育てた茶の葉である。化学肥料《ひりょう》を使わないオーガニック栽《さい》培《ばい》で育てられた緑茶で、非常《ひじょう》に高価《こうか》なものとされている。
パンダのふんはよい肥料《ひりょう》になるという。野生のパンダは竹を食べているが、その竹の栄養の約三〇パーセントしか吸収《きゅうしゅう》していないといわれている。残りの栄養はすべて排泄《はいせつ》されるため、パンダのふんには養分がたっぷり残っているというわけだ。

中東の国、トルコの飲み物も紹介《しょうかい》しよう。トルコには、夏によく飲まれるすっぱいドリンクがある。ピクルスという漬《つ》け物《もの》の漬《つ》け汁《じる》だ。漬《つ》け汁《じる》をふくんだ飲料ではなく、すっぱい漬《つ》け汁《じる》そのものを飲むという。ピクルスを売る店で漬《つ》け汁《じる》だけを買うこともできるし、漬《つ》け汁《じる》を専門《せんもん》に売る屋台もある。

はじめて飲む人は、あまりのすっぱさに驚《おどろ》くかもしれないが、トルコの人たちは夏によく飲んでいる。野菜のエキスと酢《す》のパワーで、夏バテ解消《かいしょう》にぴったりだという。

南米の国、ペルーの一部の地域《ちいき》には、カエルのジュースを提供《ていきょう》している店がある。店ではカエルを飼育《しいく》していて、注文が入ると、すぐにカエルの皮をはいで、アロエやニンジン、ウズラの卵《たまご》、はちみつ、マカなどとともにミキサーでまぜあわせるのだ。マカとは、ペルー産のアブラナ科の植物で、大根やカブと同じ根菜の一種。活力の増《ぞう》強《きょう》や集中力の向上などに効果《こうか》があるとされる。

ちなみに、カエルは煮《に》てからミキサーにかける場合もあるようだ。

栄養の豊富《ほうふ》なさまざまな食材が入ったカエルジュースは、滋養強壮剤《じようきょうそうざい》として飲まれている。

日本人の多くはとまどうだろうが、ふだんからカエルを食べる習慣《しゅうかん》を持つ国では、それほど抵《てい》抗《こう》はないかもしれない。

マカ。ペルーのアンデス山地で栽培《さいばい》されている多年生植物。

不思議なお酒もいくつか紹介《しょうかい》しよう。

アジアには、ヘビを漬《つ》けたお酒が多い。日本では、沖縄《おきなわ》の「ハブ酒」が有名だろう。毒《どく》ヘビのハブを泡盛《あわもり》などの蒸留酒《じょうりゅうしゅ》に漬《つ》けこんで熟成《じゅくせい》させてつくる。

ハブの毒《どく》が心配だと思うかもしれないが、アルコールで解毒《げどく》されているので問題ない。ヘビは滋養強壮《じようきょうそう》によいとされていて、沖縄《おきなわ》だけでなく、全国にハブ酒のファンが

沖縄《おきなわ》のハブ酒。口をあけたハブが１ぴき丸ごとびんに入っている。

いる。

中国でも、ヘビを漬《つ》けこんだお酒がある。お酒にするのは、通常《つうじょう》のヘビより毒《どく》ヘビのほうが人気のようだ。さらに広西《こうせい》チワン族自治区の桂《けい》林市《りんし》では、トカゲを漬《つ》けこんだお酒もつくられている。米でつくった蒸留酒《じょうりゅうしゅ》に、キノボリトカゲのオスとメスを一ぴきずつ入れて漬《つ》けこんだものが知られている。ヘビと同様に、トカゲも滋養強壮《じようきょうそう》によいようだ。

ベトナムにはキングコブラ酒がある。猛毒《もうどく》を持つキングコブラがお酒づくりに使われ、サソリをいっしょに漬《つ》けこむこともあるという。漢《かん》方《ぽう》医学では、サソリも体によいとされているの

サソリを丸ごと１ぴきアルコールに漬《つ》けこんだベトナムのお酒。

で、それほど驚《おどろ》くことではないのかもしれない。

ベトナムでは、いろいろな食材をお酒に漬《つ》けこむ風習があって、薬用酒として飲まれている。ヤモリ、タツノオトシゴ、蜂《はち》の巣《す》などを漬《つ》けこんだお酒もあるという。

最後に、「トンスル」という韓国《かんこく》のお酒を紹《しょう》介《かい》しよう。トンスルは、炊《た》いたお米に酵《こう》母《ぼ》と人《じん》糞《ぷん》（人の大便）をまぜて発酵《はっこう》させるお酒、つまり、うんこのお酒だ。このお酒をつくる際《さい》に使用するのは、子どものものがよいという。トンスルは、古くは薬用酒として飲まれていたが、今では、このお酒を知る人は少ないようだ。

世界の不思議な食べ物

血の詰《つ》まったソーセージはおいしい？

日本人がふだん食べているものでも、外国人から見ると「まさかこれを食べるの？」と驚《おどろ》かれてしまう食べ物がある。例として、まずあげられるのは生卵《なまたまご》だ。温かいご飯に生卵《なまたまご》をかける「卵《たまご》かけご飯」は、朝ごはんの定番ともいえるものだが、多くの外国人にとっては、とうてい信じられない食べ方に思えるようだ。日本は食品の衛生《えいせい》管理がゆきとどいているため、全国どこでも安心して生卵《なまたまご》を食べられるが、日本以外の国では、サルモネラ菌《きん》などによる食中毒《しょくちゅうどく》をおそれて、卵《たまご》にはかならず火をとおしている。

また、馬刺《ばさ》しや鳥刺《とりさ》しも、多くの外国人にとっては驚《おどろ》くべき食べ物だという。動物の生肉《なまにく》を食べること自体に抵抗《ていこう》をおぼえるらしい。

高級料理として知られるフグ鍋《なべ》やフグ刺《さ》しなどのフグ料理。調理をするにはふぐ調理師免許《ちょうりしめんきょ》が必要。

日本人がフグを好んで食べることについても、外国人は信じがたいと思うようだ。「フグは食いたし、命は惜《お》しし」ということわざのとおり、多くの日本人は、フグが猛毒《もうどく》を持つことを知っているにもかかわらず、フグ料理を食べたいと思う。その気持ちがまったく信じられないという。日本では、フグ料理は特別な免許《めんきょ》を持った調理師《ちょうりし》しか提供《ていきょう》できないことになっている。とはいえ、フグの毒《どく》であるテトロドトキシンは、猛毒《もうどく》の代表格《だいひょうかく》である青酸《せいさん》カリの五百〜千倍の毒《どく》性《せい》があるといわれているので、外国人がこの食文化に疑問《ぎもん》をいだくのも無理はないだろう。
さて、ここからは逆《ぎゃく》に、日本人の多くが不思

中国の青島《チンタオ》では、ヒトデが名物になっている。

議に思う世界の食べ物を紹介《しょうかい》しよう。

まずは中国だ。山東省《さんとうしょう》の都市、青島《チンタオ》では、ヒトデを調理して食べている。日本では、海辺でヒトデを見つけて、「あっ、これ食べたい」と思う人はまずいないだろう。しかし、青島《チンタオ》ではヒトデが名物のひとつになっているのだ。食べるところはウニと同じで生殖巣《せいしょくそう》の部分。蒸《む》したヒトデのあしをちぎって硬《かた》い皮をはぎ、中身を取りだして食べる。揚《あ》げたり、蒸《む》したりして食べることもある。屋台では、揚《あ》げたヒトデを棒《ぼう》に刺《さ》して客に提供《ていきょう》するところもあるようだ。

じつは日本でも、熊本県《くまもとけん》の天草《あまくさ》地方で、古くからゴホンガゼ（ヒトデ）を食べる風習がある。

テンジクネズミのロースト。毛と内臓《ないぞう》を取りのぞいたあと、丸ごと炭火で焼いて食べる。

冬から春にかけた時期に、塩ゆでにして食べられている。イソギンチャクも食べられているようで、同じ九州の福岡県柳川市《ふくおかけんやながわし》には、有明海《ありあけかい》でとれるイシワケイソギンチャクを味噌煮《みそに》にする郷土《きょうど》料理がある。

ペルーの食べ物も紹介《しょうかい》しよう。この国では、テンジクネズミの姿焼《すがたや》きが食べられている。テンジクネズミは、体長二十〜四十センチほどのしっぽがないホ乳類《にゅうるい》。生物学的には、医療《いりょう》実験用やペットとして飼育《しいく》されているモルモットの原種だとされている。

日本では、街角でネズミを目撃《もくげき》しても、動物園でモルモットにふれても、食べたいと思う人はまずいないだろう。しかし、ペルーでは、このテンジクネズミはお祝いなどのときに食べる高級食材なのだという。頭がついた姿《すがた》のままで焼いたり、揚《あ》げたりしてだされるので、見た目は一瞬《いっしゅん》、ドキリとするかもしれない。食べてみると脂身《あぶらみ》は少なく、かみごたえがあり、味は鶏肉《とりにく》に似《に》ているという人もいる。

海外には、動物の血液《けつえき》を原料にした食べ物もある。家畜《かちく》を利用するために屠殺《とさつ》する際《さい》、血を採取《さいしゅ》してすばやく加工するなどしているようだ。日本の多くの地域《ちいき》では、江《え》戸《ど》時代までは肉食の習慣《しゅうかん》がなかったため、動物の血液《けつえき》を利用した食べ物はあまり見られない。

中国や台湾《たいわん》、東南アジアなどでは、豚《ぶた》や鶏《にわとり》、アヒルといった動物の血液《けつえき》をかためたものが食べられている。見た目はレバーに似《に》ていて、ぷるんとした食感だという。この血のかたまりは大豆《だいず》こそ使ってはいないが、「血豆腐《ちどうふ》」などとよばれることもある。スープや火鍋《ひなべ》（中国や台湾《たいわん》の寄《よ》せ鍋《なべ》）などの具材としても人気のようだ。

ヨーロッパ各地では、かなり古くから「ブラッドソーセージ」がつくられている。

焼いたブラッドソーセージのブーダンノワールと焼きリンゴ。フランス料理で定番の組み合わせのひとつ。

つまり血のソーセージだ。イギリスでは「ブラックプディング」、ドイツでは「ブルートヴルスト」、フランスでは「ブーダンノワール」とよばれている。豚《ぶた》の血を原料にしていることは共通だが、地域《ちいき》によって、豚《ぶた》のひき肉、脂《あぶら》、舌《した》、スパイスなど、さまざまな食材がくわえられる。色は黒っぽく、形状《けいじょう》は一般《いっぱん》のソーセージと同様で、コクと独特《どくとく》な味わいがあるという。
台湾《たいわん》には、豚《ぶた》の血を使った餅《もち》がある。餅米《もちごめ》と豚《ぶた》の血、塩などをまぜてつくられている。夜市《よいち》の屋台などでは、串《くし》に

黒穂病《くろぼびょう》に感染《かんせん》したトウモロコシのウイトラコチェ。メキシコでは一般的《いっぱんてき》な食材で、店などで購入《こうにゅう》できる。

刺《さ》して売られていて、きざんだパクチーやピーナッツの粉《こな》をまぶして食べるのが定番のようだ。

最後に紹介《しょうかい》する不思議な食べ物は、メキシコのトリュフともよばれる「ウイトラコチェ」だ。アステカ文明の時代から食べられているというから、五百年以上も前からある食べ物になる。アミノ酸《さん》が豊富《ほうふ》にふくまれていて栄養《えいよう》価《か》が高く、現代《げんだい》のメキシコでも手軽に入手できて、非常《ひじょう》に親しまれている。

ウイトラコチェは、じつは黒穂病《くろぼびょう》という病気に感染《かんせん》したトウモロコシなのだ。この病気の原因《げんいん》になっているのは真菌《しんきん》、つまりカビの一種だが、このカビ自体に毒性《どくせい》はない。黒穂病《くろぼびょう》に感染《かんせん》したトウモロコシは、粒《つぶ》がぶくぶくにふくれあがり、非常《ひじょう》にいびつな形になる。中から黒いカビが皮を突《つ》きやぶって露出《ろしゅつ》しているものもある。見た目は非常《ひじょう》に悪いが、メキシコ人はトルティーヤ（トウモロコシの粉《こな》などからつくる薄焼《うすや》きのパン）にチーズといっしょにつつんで食べる。チーズとは非常《ひじょう》に相性《あいしょう》がいいようだ。また、ウイトラコチェは、煮《に》こみ料理やスープなどに使われることもよくあって、独特《どくとく》の香《かお》りがやみつきになるらしい。

ほかの国では、黒穂病《くろぼびょう》にかかったトウモロコシに商品価値《かち》はなく、廃棄《はいき》されてしまう。しかし、メキシコでは、通常《つうじょう》のトウモロコシとは比較《ひかく》にならないほど価値《かち》が高い。わたしたちが知らないだけで、国や地域《ちいき》によって食べ物の価値《かち》がひっくりかえるなんてことはよくあるのかもしれない。

世界の危険《きけん》な食べ物

じつは怖《こわ》い！　毒《どく》のある意外な食材

ここでは、ふだんおいしく食べているにもかかわらず、場合によっては、人の命をおびやかす危険《きけん》のある食べ物の話をしよう。

まずは、みなさんもよく知っているカシューナッツ。これは、中南米原産のカシューの種子を食用にしたものだ。カシューナッツのおもな生産地にはベトナム、インド、ブラジル、インドネシアなどがあげられ、日本にもたくさん輸入《ゆにゅう》されている。

脂肪分《しぼうぶん》は多いが、ビタミン類、鉄分や亜鉛《あえん》などのミネラルが豊富《ほうふ》にふくまれていて、おやつとしても、お酒のつまみとしても人気の食べ物だ。

ところが、カシューはウルシ科の植物で、ウルシオールという毒素《どくそ》を持った物質《ぶっしつ》が

日本で食べられているカシューナッツは、インドやベトナムなどから輸入《ゆにゅう》されたものが多い。

ふくまれている。カシューナッツにも毒性《どくせい》があるため、生《なま》で食べるのは危険《きけん》なのだ。人がウルシオールを摂取《せっしゅ》すると、じんましんなどのアレルギー症状《しょうじょう》があらわれる可能性《かのうせい》がある。ときにはアナフィラキシーショックを起こすこともあり、呼吸困難《こきゅうこんなん》におちいって命をおびやかすおそれもあるのだ。
カシューナッツを食べるには、高温で加熱処《しょ》理《り》して毒性《どくせい》をとばさないといけない。スーパーなどでは、塩で味つけされたものや無塩のもの、ミックスナッツといった商品が売られている。日本で売られているカシューナッツは、すでに適切《てきせつ》に処理《しょり》され、ウルシオールが取りのぞかれ

収穫《しゅうかく》されたキャッサバ。サツマイモに似《に》た太い根の部分から、食用のでんぷんをとる。

ているので、安心して食べられる。

つぎに紹介《しょうかい》するのは、熱帯・亜熱帯《あねったい》の広い地《ち》域《いき》で栽培《さいばい》されているキャッサバだ。サツマイモに似《に》たイモ類で、アフリカでは主食にしている地域《ちいき》もある。栽培《さいばい》しやすいこともあって、世界のイモ類ではジャガイモにつぐ生産量を誇《ほこ》る。食料危機《きき》が叫《さけ》ばれるなか、世界中の人々《ひとびと》を救《すく》う食材として注目されている。

じつは、キャッサバは「タピオカ」の原料でもある。キャッサバの名前を知らない人でも、タピオカを知っている人は多いだろう。タピオカドリンクに入っている丸いタピオカは、キャッサバのでんぷんからつくられているのだ。

日本では、一九七〇年代から、何度かタピオカブームが起きていて、あのモチモチとした食感にはファンも多い。

しかし、このキャッサバも、生《なま》のまま食べることはできない。キャッサバにはシアン化合物という有害物質《ぶっしつ》がふくまれていて、大量に摂取《せっしゅ》すると、命を失う危険《きけん》もあるのだ。安全に食べるためには、皮をむく、天日干《てんぴぼ》しにする、発酵《はっこう》させる、ふかす、ゆでる、水にさらすといった処理《しょり》をして、毒抜《どくぬ》きをする必要がある。

つぎは、アキーとよばれるジャマイカで大人気のフルーツを紹介《しょうかい》しよう。甘《あま》みが少ない黄色い果肉の果物で、ジャマイカでは、野菜のように調理して食べられている。口当たりはなめらかでクリーミー。アキーの果肉と塩漬《しおづ》けのタラ、ピーマン、タマネギなどを炒《いた》めた料理「アキーアンドソルトフィッシュ」は、ジャマイカの国民食だという人もいる。この料理は、アキーの果肉がたくさん入っていて、見た目は野菜の卵《たまご》炒《いた》めのようだ。

アキーは、西アフリカ原産の植物で、十〜十五メートルほどの高さになる。熟《じゅく》すと

ジャマイカで食べられるアキー。果肉を塩漬《しおづ》けの魚やタマネギなどといっしょに炒《いた》めて食べるのが一般的《いっぱんてき》。

赤い果実が割《わ》れて、三つの黒い種子と黄色い果肉があらわになる。

しかし、熟《じゅく》していないアキーは、けっして食べてはいけない。自然にひらくまで、じっと待たなければいけないのだ。なぜなら、熟《じゅく》していないアキーには、ヒポグリシンという毒素《どくそ》がふくまれているからだ。人がヒポグリシンを摂取《せっしゅ》すると、嘔吐《おうと》やけいれん、脱水《だっすい》などの症状《しょうじょう》が起きる。これはジャマイカ嘔吐病《おうとびょう》とよばれていて、最悪の場合は死にいたることもある。

つぎは、北欧《ほくおう》のアイスランドから、「ハカール」という伝統食《でんとうしょく》を紹介《しょうかい》しよう。これは、ニシオンデンザメの肉などを発酵《はっこう》させた保存食《ほぞんしょく》で、

ハカール。サメの肉を常温《じょうおん》で発酵《はっこう》させたあと、数か月間、つるして乾燥《かんそう》させる。

強いアンモニア臭《しゅう》を放つことで知られている。ハカールが好きな人は、アンモニアの独特《どくとく》なにおいがくせになっているようだ。商品として提供《ていきょう》されるものは、サイコロ状《じょう》に切られていることが多く、食べたときの食感は、やわらかいゴムのようだという人もいる。
アンモニア臭《しゅう》は、よくおしっこのにおいとか、トイレのにおいに似《に》ているともいわれ、アンモニア自体は、わたしたちの体内でも生成されている。だが、毒性《どくせい》を持っているため、無毒《むどく》の尿素《にょうそ》に変えてから、おしっことして体外に排出《はいしゅつ》している。一方、サメやエイなどの軟骨魚類《なんこつぎょるい》は、体内でつくられたアンモニアを尿素《にょうそ》には変えるものの、体外に排出《はいしゅつ》せず、体内にためこんでいる。この尿素《にょうそ》は、サメが死ぬとしだいに細菌《さいきん》によって分解《ぶんかい》され、毒素《どくそ》を持つアンモニアにもどって、強いにおいを放つようになるのだ。

通常《つうじょう》、ハカールは、発酵後《はっこうご》に数か月間、つり下げて乾燥《かんそう》させる。そのあいだ、しだいにアンモニアが抜《ぬ》けていき、無毒化《むどくか》されるという。適切《てきせつ》に処理《しょり》されたハカールであれば、食べても問題はない。だが、もし毒《どく》が抜《ぬ》けていないものを大量に食べると、中毒症状《ちゅうどくしょうじょう》を引きおこすという。場合によっては命を落としてしまう可能性《かのうせい》もあるようだ。

韓国《かんこく》からも危険《きけん》な伝統《でんとう》料理を紹介《しょうかい》しよう。「サンナクチ」という、いわゆるタコの活《い》き造《づく》りだ。生きているタコをぶつ切りにして、ゴマ油、塩などで味つけをしたもので、あしがまだ動いているものをそのまま口に入れる。新鮮《しんせん》なタコのコリコリとした食感が楽しめる。

ただし、タコのあしは切りきざまれても、吸盤《きゅうばん》の吸着力《きゅうちゃくりょく》はすぐには失われない。食べているあいだに口やのどに吸盤《きゅうばん》が付着すると、窒息《ちっそく》してしまって、死にいたることもあるようだ。韓国《かんこく》では、サンナクチを食べて窒息《ちっそく》する人が毎年、数人いるらしい。

サンナクチ。新鮮《しんせん》な生きたタコのあしを細かく切って、塩とゴマ油や、酢《す》を入れたコチュジャンとあえて食べる。

それでもサンナクチを食べたいという人は多くいる。対策《たいさく》としては、歯でよくかむか、なるべく小さく切りわけてもらうといいようだ。
日本でも、タコやイカなどの活《い》き造《づく》りを提供《ていきょう》している店がある。もし食べる機会があったら、吸盤《きゅうばん》にだけは気をつけたほうがいいだろう。

世界のくさい食べ物

発酵《はっこう》するとにおいは倍増《ばいぞう》？

鼻のおもな役割《やくわり》は、呼吸《こきゅう》することと、においをかぐことだ。人はたくさんのにおいをかぎわけることができて、そのにおいが自分にとっていいにおいか、悪いにおいかを判断《はんだん》しようとする。しかし、その判断《はんだん》はかなり主観的になる。

たとえば、納豆《なっとう》のにおいをかいだとき、いいにおいだと思う人がいれば、受け入れがたいにおいだと思う人もいる。においの感じ方は、その人の体にいいとか悪いとかに関係なく、人によって大きくちがうということだ。

これから紹介《しょうかい》するのは、くさすぎて世界的に有名な食べ物だ。文章でにおいは伝わらないが、もし興味《きょうみ》を持ったら、体験してみるのもよいだろう。

魚を干《ほ》してつくるくさや。

日本で一番くさい食べ物といわれるのが「くさや」だ。

くさやは、伊豆諸島《いずしょとう》の特産品として知られる魚の干物《ひもの》のこと。ムロアジ、トビウオ、サンマなどの青魚をひらき、水で洗《あら》って「くさや液《えき》」とよばれる発酵液《はっこうえき》に一昼夜か二昼夜、漬《つ》けこんだあと、一日ほど天日干《てんぴぼ》しにする。

くさや液《えき》は、魚醤《ぎょしょう》に似《に》たねばり気《け》のある塩汁《しおじる》で、何度もくりかえして使用するため、魚のさまざまな成分が溶《と》けこんで熟成《じゅくせい》している。また、この液《えき》には、くさや菌《きん》とよばれる乳酸菌《にゅうさんきん》の一種が存在《そんざい》していて、くさやの特徴的《とくちょうてき》なにおいには、この菌《きん》の影響《えいきょう》があるといわれている。くさや液《えき》は、古いものほど、くさやにうま味が出るとされ、二百年、三百年も使いつづけているものもあるという。

くさやは保存食《ほぞんしょく》として、一年中食べることができる。強烈《きょうれつ》なにおいを放ち、魚が腐《くさ》ったようなにおいだという人もいれば、ドブくさいとか、公衆《こうしゅう》トイレのにおいだという人もいる。ところが、この強烈《きょうれつ》なにおいのくさやを好んで食べる人がいるのだ。くさや液《えき》には、うま味成分であるアミノ酸《さん》が豊富《ほうふ》にふくまれているため、一般的《いっぱんてき》な干《ひ》物《もの》よりもうま味が凝縮《ぎょうしゅく》している。焼くと、うま味がますが、においはいっそう強くなるので、家庭での調理には注意が必要だ。

韓国《かんこく》には、アジアでもっともくさいといわれる食べ物がある。

「ホンオフェ」とよばれるエイの発酵《はっこう》食品だ。韓国《かんこく》南部の木浦《モッポ》地域《ちいき》周辺の郷土《きょうど》料理で、結婚式《けっこんしき》には欠かせない食べ物だという。つくり方は、ガンギエイの切り身を壺《つぼ》などに入れ、冷暗所で数日から十日ほど発酵《はっこう》させる。

ホンオフェのにおいの特徴《とくちょう》は、ツンと鼻を突《つ》く強烈《きょうれつ》なアンモニア臭《しゅう》だ。このにおい

ホンオフェのさしみ。キムチや野菜といっしょにタレにつけて食べる。

は、よごれた公衆《こうしゅう》トイレでかぐにおいと同じもの。エイの体内には尿素《にょうそ》がふくまれていて、それが発酵《はっこう》することで、アンモニアが発生するのだ。アンモニアは、おしっこにふくまれている成分で、人体に有害な物質《ぶっしつ》とされている。
ホンオフェを食べると、軟骨《なんこつ》のコリコリとした食感、とろけるような味わいとともに、鼻の粘膜《ねんまく》にはげしい刺激《しげき》を感じるという。このくせのある味がたまらなく好きだという人がいて、韓国《かんこく》の伝統《でんとう》のお酒、マッコリのつまみとして楽しんだり、キムチといっしょに食べたりもする。

厚《あつ》揚《あ》げのように油で揚《あ》げた臭豆腐《しゅうどうふ》。

つぎは、中国南部や台湾《たいわん》でよく食べられる「臭豆腐《しゅうどうふ》」を紹介《しょうかい》しよう。

これは、納豆菌《なっとうきん》や酪酸菌《らくさんきん》によって野菜を発酵《はっこう》させてつくった液体《えきたい》に、豆腐《とうふ》をひと晩《ばん》漬《つ》けこんだものだ。

さまざまな調理方法があって、油で揚《あ》げた厚揚《あつあ》げが屋台などでよく売られている。臭豆腐《しゅうどうふ》という名前のとおり、臭《くさ》いにおいがする食品だ。臭豆腐《しゅうどうふ》のにおいはおもにインドールという成分によるものだが、じつはこのインドールは、大便のにおいや、ジャスミンなどの花の香《かお》りにもふくまれている。においは強烈《きょうれつ》だが、やみつきになる人も少なくない。

つぎは、北極圏《ほっきょくけん》で食べられている「キビヤック」という漬《つ》け物《もの》を紹介《しょうかい》しよう。

キビヤックは、カナダ北部の先住民、イヌイットの伝統食《でんとうしょく》で、アパリアスという海鳥を発酵《はっこう》させてつくる。この食べ物は、死んだアザラシを利用するという、ドキリとするような独特《どくとく》な方法でつくられている。

キビヤックはつぎのようにつくる。まず、アザラシの腹《はら》をさいて、内臓《ないぞう》と肉を取りだす。体の中に海鳥（アパリアス）を何十羽と詰《つ》めこんでから、腹《はら》をぬいあわせて地中に埋《う》める。二か月以上発酵《はっこう》させてから掘《ほ》りおこして、海鳥を取りだす。

食べ方も独特《どくとく》だ。いや、もしかしたら、非常《ひじょう》に合理的な食べ方かもしれない。海鳥の羽根をむしったあと、肉を食べ、内臓《ないぞう》をすするのだ。においはかなり強烈《きょうれつ》だという。

最後は、世界一くさいといわれている食べ物を紹介《しょうかい》しよう。

ニシンの塩漬《しおづ》けを缶詰《かんづめ》の中で発酵《はっこう》させたもので、名前を「シュールストレミング」という。古くからスウェーデンに伝わる伝統的《でんとうてき》な保存食《ほぞんしょく》だ。室内で缶《かん》をあけると、強《きょう》

ふたをあけたシュールストレミングの缶詰《かんづめ》。

烈《れつ》なにおいを放つガスがふきだして、悪《あく》臭《しゅう》がなかなか取れなくなる。そのため、屋外であけることが推奨《すいしょう》されている。また、缶《かん》をあけるとき、くさい汁《しる》が服に飛びちらないように十分注意しなければいけない。缶《かん》をあけるだけで、こんなに対《たい》策《さく》を考えなければいけない食べ物は、ほかにあるだろうか。
シュールストレミングは、ニシンを薄《うす》い塩水につけてから、缶詰《かんづめ》にして約三か月間発酵《はっこう》させる。一般的《いっぱんてき》な缶詰《かんづめ》は、魚を加熱殺菌《さっきん》してから缶《かん》に詰《つ》めるが、これは殺菌《さっきん》せずに詰《つ》める。缶《かん》の中では発酵《はっこう》が進むが、腐敗《ふはい》もどんどん進んでいく。そのため、缶《かん》の中にさまざまな悪臭物質《あくしゅうぶっしつ》が充満《じゅうまん》することになるのだ。卵《たまご》や牛乳《ぎゅうにゅう》の腐《くさ》ったにおい、刺激臭《しげきしゅう》やすっぱいにおいなどがまざりあって、シュールストレミングの独特《どくとく》なにおいをつくるという。このにおいに慣《な》れない人のなかには、想像《そうぞう》を絶《ぜっ》する激臭《げきしゅう》だとか、生《なま》ごみをしばらく放置したようなにおいだとか言う人もいる。

塩気が強いため、そのまま食べることはあまりなく、ジャガイモやトマト、サワークリームなどといっしょにパンにのせて食べるのが一般的《いっぱんてき》だ。もちろん、食べる場所は屋外になる。

日本には「蓼《たで》食う虫も好き好き」ということわざがある。もしかしたら、スウェーデンには「シュールストレミング食う人も好き好き」ということわざがあるかもしれない。

世界の自然遺産《いさん》（アフリカ）

何千年もくりかえされるサバンナの大移動《だいいどう》

一九七二年、ユネスコ総会《そうかい》で世界遺産条約《いさんじょうやく》が採択《さいたく》された。それにもとづいて、人類共通の財産《ざいさん》を守るために世界遺産《いさん》リストが作成されている。世界遺産《いさん》は、「文化遺《い》産《さん》」「自然遺産《いさん》」「複合遺産《ふくごういさん》」に分けられる。

自然遺産《いさん》は、地球の歴史《れきし》や自然現象《げんしょう》、動植物の進化や生態系《せいたいけい》などを後世に伝えるものだ。二〇二三年時点で二百二十七件《けん》登録されている。自然遺産《いさん》の多くは、人類が地球に誕生《たんじょう》するはるか前からあるものだ。

ここではアフリカ大陸にある三つの自然遺産《いさん》を紹介《しょうかい》しよう。

タンザニアの北部、キリマンジャロの裾野《すその》に広大なサバンナが広がっている。この

セレンゲティ国立公園のアフリカゾウの親子。

サバンナの自然を保護《ほご》するために設立《せつりつ》されたのがセレンゲティ国立公園だ。サバンナとは、熱帯・亜熱帯《あねったい》地域《ちいき》に広がる草原のこと。セレンゲティとは、現地《げんち》のマサイ語で「果てしなく広がる平原」をあらわしている。セレンゲティ国立公園が自然遺産《いさん》に登録されたのは一九八一年だ。公園の面積は一万四千七百六十三平方キロ。日本でいえば、福島県《ふくしまけん》や長野県《ながのけん》よりも広く、この一帯にはさまざまな動物が生息している。種類も非常《ひじょう》に多く、よく知られている動物では、ライオン、チーター、ヒョウ、キリン、シマウマ、ゾウ、バッファロー、インパラ、ガゼル、ヌーなどがいる。
気候は、雨季と乾季《かんき》に明確《めいかく》に分かれている。サ

マサイ・マラ国立保護区《ほごく》のヌーの群れ。

バンナ気候ではよく見られる現象《げんしょう》だが、毎年三月から五月は雨季、七月から十月は乾季《かんき》になる。乾季《かんき》には水が干上《ひあ》がり、草は枯《か》れる。

そのため、乾季《かんき》になると、百万頭を超《こ》えるヌーの群れが飲み水やえさとなる草を求めて、大移動《だいいどう》をはじめるのだ。むかう先はケニアのマサイ・マラ国立保護区《ほごく》。国境《こっきょう》をはさんで、セレンゲティ国立公園の北側に隣接《りんせつ》している。大平原を埋《う》めつくすほどのヌーの群れは、二千キロ以上の距離《きょり》を二か月かけて移動《いどう》する。

サバンナで大移動《だいいどう》する動物は、ヌーばかりではない。数十万頭のシマウマや、そのほかの草食動物たちも、水やえさを求めてマサイ・マラ国立保《ほ》

マラ川をわたるヌーとシマウマ。

護区《ごく》に移動《いどう》する。当然、この草食動物たちをねらって移動《いどう》する肉食動物もいる。ライオン、チーター、ヒョウ、ハイエナなどだ。

草食動物たちの大移動《だいいどう》は命がけになり、多くの命が、どう猛《もう》な肉食動物によってうばわれる。えじきになるのは、多くは体の小さな子どもたちだ。マサイ・マラ国立保護区《ほごく》に移動《いどう》するためには、タンザニアとケニアの国境《こっきょう》を流れるマラ川をかならずわたらなければならない。

百メートルもの川幅《かわはば》があるこの川で、溺死《できし》する動物もいる。巨大《きょだい》なワニに丸の

マラ川のナイルワニ。

みにされる動物もいる。当然だが、ワニたちも生きるために草食動物たちをおそうのだ。

雨季になると、植物の芽がいっせいにふきだしはじめる。セレンゲティ国立公園の大地は緑におおわれ、動物たちの大移動《だいいどう》がまたはじまる。あの危険《きけん》なマラ川をわたって、命をふきかえしたセレンゲティへむかうのだ。こうしてセレンゲティとマサイ・マラでは、動物たちの命がけの大移動《だいいどう》が何千年もくりかえされている。

つぎは、「世界三大瀑布《ばくふ》」のひとつと

世界最大規模《きぼ》を誇《ほこ》るヴィクトリアの滝《たき》。

いわれるヴィクトリアの滝《たき》（ヴィクトリアフォールズ）だ。

これは、ジンバブエとザンビアとの国境《こっきょう》を流れるザンベジ川の上流にあって、幅《はば》一・七キロ、落差百八メートルの巨大《きょだい》な滝《たき》で、自然遺産《いさん》には一九八九年に登録されている。

滝《たき》の名前である「ヴィクトリア」は、イギリスの探検家《たんけんか》・リビングストンが、イギリスの国王であるヴィクトリア女王の名前にちなんでつけたものだが、現地《げんち》では「モシ・オ・トゥニャ（雷鳴《らいめい》のとどろく水煙《すいえん》）」とよばれている。

落下する水の速度は時速百五十キロ。絶《た》えることのない轟音《ごうおん》とともに、ぼう大な量の水が落ちつづける。雨季には毎分五億リットルの水が落下することもあるという。この水量は、わずか二分半で東京ドームをいっぱいにする計算だ。また、滝《たき》つぼからは、水煙《すいえん》が千メートルの高さまで立ちのぼることがあるという。

滝《たき》の切り立った崖《がけ》は、流れつづける大量の水によって、少しずつけずられていく。何万年かのちには今の巨大《きょだい》な滝《たき》が消えうせ、上流に新たな滝《たき》ができるともいわれる。ヴィクトリアの滝《たき》は、人類に地球の歴史《れきし》の一端《いったん》を見せてくれているようだ。

最後に、タンザニア北東部にあるキリマンジャロ国立公園を紹介《しょうかい》しよう。この国立公園には、標高五千八百九十五メートルを誇《ほこ》るアフリカ大陸最高峰《さいこうほう》のキリマンジャロがある。キリマンジャロとは、スワヒリ語で「かがやく山」という意味だ。七十五万年前の火山活動によって誕生《たんじょう》したという。

キリマンジャロは、広い平原の中に独立《どくりつ》してそびえている。赤道からそれほどはなれているわけでもないのに、山頂《さんちょう》には雪や氷河《ひょうが》が見られる。わたしたちが想像《そうぞう》するア

キリマンジャロ。氷河《ひょうが》は溶《と》けて小さくなっているといわれる。

フリカとはちがう光景がそこにはあるのだ。山をくだると低木や草原が見られ、しだいに森林が広がっていく。その森林地帯には、チーターやクロサイなどの絶《ぜつ》滅危惧種《めっきぐしゅ》をふくむ多様な生物が生息している。このキリマンジャロ国立公園は、一九八七年に自然遺産《いさん》に登録されている。

世界の自然遺産《いさん》（南北アメリカ）

レインボーにかがやく巨大《きょだい》な泉《いずみ》！

南北アメリカ大陸の四つの世界自然遺産《いさん》を紹介《しょうかい》しよう。

最初に取りあげるのは、アメリカのアイダホ州、モンタナ州、ワイオミング州の三州にまたがる自然遺産《いさん》、イエローストーン国立公園だ。自然遺産《いさん》には一九七八年に登録されている。アメリカ最大のこの国立公園は、面積が八千九百八十平方キロで、東京都の約四倍という広さだ。ロッキー山脈《さんみゃく》の火山地帯にあって、かつては三度の超巨《ちょうきょ》大噴火《だいふんか》が起きている。今も地下では、それほど深くないところでマグマが活動をつづけている。

この国立公園には、一万か所近い熱水泉《ねっすいせん》（温泉《おんせん》）や、二百以上の間欠泉《かんけつせん》や噴気孔《ふんきこう》が

水の色が美しいグランド・プリズマティック・スプリング。

ある。間欠泉《かんけつせん》とは、一定の周期で熱湯や水蒸気《すいじょうき》をふきあげる温泉《おんせん》のことだ。イエローストーンは観光地としても有名な国立公園で、なかでも人気のスポットは、「グランド・プリズマティック・スプリング」とよばれる熱水泉《ねっすいせん》だ。直径約百十三メートルもあるこの巨大《きょだい》な泉《いずみ》は、世界で三番めの大きさだという。水温は七十度ほどで、つねに熱いお湯が地下からわきでている。しかし、圧倒《あっとう》されるのは熱水泉《ねっすいせん》の大きさよりも、むしろそのあざやかな色だ。中央の透《す》きとおるような青い水の周《しゅう》縁《えん》が、外側にいくにつれて緑、黄、オレンジへと変わっていく。虹《にじ》のように色が変化するのは、水中に繁殖《はんしょく》しているバクテリアのためだという。中

重量感のある体のアメリカバイソン。

央が青いのは、水が熱すぎてバクテリアが繁殖《はんしょく》できないからのようだ。

「オールドフェイスフル・ガイザー」とよばれる間欠泉《かんけつせん》も観光スポットとして有名だ。この間欠泉《かんけつせん》からは、熱水が数十メートルもふきあげられる。迫力《はくりょく》ある噴出《ふんしゅつ》は、数十分から二時間ほどの間隔《かんかく》でくりかえされるという。

国立公園の中央部には、イエローストーン川が長い年月をかけてつくりあげた渓谷《けいこく》がある。また、さまざまな野生動物を観察できる草原地帯もある。野生のアメリカバイソンが見られる貴重《きちょう》な場所であり、エルク（ヘラジカ）やコヨーテ、グリズリー（ハイイログマ）、オオカミなども見られ、公園の

雄大《ゆうだい》な景色が楽しめるグランドキャニオン国立公園。中央を流れるのはコロラド川。

魅力《みりょく》を高めている。

もうひとつ、アメリカの自然遺産《いさん》を紹介《しょうかい》する。アメリカのアリゾナ州北西部には、グランドキャニオン国立公園がある。一九七九年に自然遺産《いさん》に登録されたこの国立公園も人気の観光地として、多くの人がおとずれる。

グランドキャニオンは、アメリカ南西部を流れるコロラド川が、長い年月をかけて高原をけずりつづけてつくりだしたものだ。雄大《ゆうだい》な地形は、幅《はば》最大約三十キロ、最深地点一・八キロの断崖《だんがい》が四百キロ以上もつづいている。その光景は、川の浸食《しんしょく》作用ばかりでなく、大地の隆起《りゅうき》や風化作用などもおりまぜて形成され、今も変化をつづけている。

峡谷《きょうこく》の壁《かべ》に見られる地層《ちそう》は、ほぼ水平につづいている。もっとも深い古い層《そう》で二十億年前、上層《じょうそう》の新しい地層《ちそう》は二億五千万年前の地球の姿《すがた》をあらわにしている。そして、各地質時代《かくちしつじだい》の地層《ちそう》の中からは、さまざまな生物の化石が出土している。グランドキャニオンは、世界でも有数の化石の産地だ。自然がつくりあげたこの雄大《ゆうだい》な造形物《ぞうけいぶつ》は、古生物学や地質学《ちしつがく》の観点からも、類を見ないほど貴重《きちょう》な場所なのだ。

つぎは、南米ブラジルの自然遺産《いさん》を紹介《しょうかい》しよう。

全長六千五百キロを誇《ほこ》る世界最大の川、アマゾン川と、そこに流れこむ千本を超《こ》える大小の支流《しりゅう》は、ゆたかな森をはぐくんだ広大な熱帯雨林地帯を形成している。アマゾンの熱帯雨林は、ブラジル、コロンビア、ペルーなど、南米大陸の多くの国にまたがり、五百万平方キロ以上の面積を有している。これは日本の国土の約十四倍の広さで、地球上にある熱帯雨林の半分を占《し》めるという。

アマゾンの森には多種多様な生物が生息《せいそく》している。アマゾンでしか見られない固有

ジャウー国立公園。公園内をアマゾン川の支流《しりゅう》のひとつ、ジャウー川が流れる。

種も多く存在《そんざい》し、独特《どくとく》の生態系《せいたいけい》が維持《いじ》されているのだ。

二〇〇〇年に自然遺産《いさん》に登録されたアマゾンのエリアは、ブラジル北西部アマゾナス州にあるジャウー国立公園のみ。その三年後には周辺の保護区《ほごく》が追加され、「中央アマゾン保全地域《ほぜんちいき》群《ぐん》」という名称《めいしょう》で登録されている。とても広いエリアだが、アマゾンの広大な熱帯雨林全体のわずか一パーセントにすぎないという。

中央アマゾン保全地域群《ほぜんちいきぐん》では、驚《おどろ》くほどの多種多様な動植物が見られる。

デンキウナギなどの数十種類の電気魚、南米最大の淡水魚《たんすいぎょ》ピラルク、オオカワウソ、クロカイマン、ジャガー、オウギワシなどが生息するほか、希少種のアマゾンマナティー、アマゾンカワイルカ、ハゲウアカリなどもいる。

アマゾンの熱帯雨林は急速に縮小《しゅくしょう》している。森林の伐採《ばっさい》、気候変動による森林火災《かさい》の悪化などが原因《げんいん》だ。森林伐採《ばっさい》や開発をとめる動きはあるものの、まだ十分とはいえない。もし森林減少《げんしょう》がこのまま進めば、回復《かいふく》が不可能《ふかのう》になるおそれもあるというのだ。

最後に紹介《しょうかい》するのは、赤道直下の太平洋上にうかぶガラパゴス諸島《しょとう》。エクアドルの本土から西に約千キロはなれた位置にあり、大小の島や岩礁《がんしょう》、それを取りかこむ海域《かいいき》一帯が、一九七八年・二〇〇一年に自然遺産《いさん》に登録されている。

火山の噴火《ふんか》で最初の島ができたのは五百万から三百万年前のこと。ガラパゴス諸島《しょとう》は、過去《かこ》にほかの島と陸つづきになったことがないため、多くの動植物が独自《どくじ》の進化をとげている。一八三五年にイギリスの科学者チャールズ・ダーウィンがおとずれ、『種の起源《きげん》』をあらわすきっかけとなった島としても有名だ。

大きい個体《こたい》は体重が250キロにもなるガラパゴスゾウガメ。

ガラパゴス諸島《しょとう》には、固有種が二千種いるといわれている。ガラパゴスゾウガメもそのひとつだ。世界最大のリクガメで、島には二万頭いるという。大きいものだと体長一・五メートルになる。ウミイグアナは、世界で唯一《ゆいいつ》、海にもぐってえさをとるイグアナで、水中に三十分ももぐっていられる。海にはもぐれないが、花や果実を食べるガラパゴスイグアナもいる。ガラパゴスペンギンは熱帯に生息する唯一《ゆいいつ》のペンギンだ。体長は五十センチほどで、ペンギンの仲間でもかなり小さい。

日光浴をして、海水で冷えた体を温めるウミイグアナ。

ほかにもユニークな生き物がたくさんいる。ガラパゴスコバネウは、翼《つばさ》が小さく退化《たいか》していて、世界で唯一《ゆいいつ》の飛べない鵜《う》だ。ガラパゴスアシカは島の海岸にいるが、人の居住区《きょじゅうく》に遠慮《えんりょ》もなく出入りしていて、道ばたで寝《ね》そべっていたり、ベンチでごろごろしていたりする。
ガラパゴス諸島《しょとう》は、一時、観光地化による人口増加《ぞうか》や、環境汚染《かんきょうおせん》などの問題で自然保護《ほご》があやぶまれていた。しかし、今はさまざまな対策《たいさく》が講《こう》じられ、効果《こうか》をあげている。

世界の自然遺産《いさん》（アジア・ヨーロッパ・オセアニア）

地下の絶景《ぜっけい》！ ベトナムの天国の洞窟《どうくつ》

アジアの世界自然遺産《いさん》から、まずは中国の四川省《しせんしょう》にある絶景《ぜっけい》の秘境《ひきょう》、九寨溝《きゅうさいこう》を紹介《しょうかい》しよう。

九寨溝《きゅうさいこう》とは、四千メートル級の山々《やまやま》がつらなる岷山山脈《びんざんさんみゃく》にあり、数十キロにもわたって、大小あわせて百以上の湖沼《こしょう》が点在《てんざい》する峡谷《きょうこく》だ。うっそうとした原生林の中、いくつもの湖沼《こしょう》が青く透《す》きとおった水をたたえ、空と木々《きぎ》の色を鏡のように映《うつ》しだしている。湖沼《こしょう》から流れでる渓流《けいりゅう》の水もまた青く透《す》きとおり、やはり色あざやかな木々《きぎ》を反射《はんしゃ》している。

岷山山脈《びんざんさんみゃく》は、かつて海底だった部分が大昔に隆起《りゅうき》してできたという。海中のサンゴ礁《しょう》が石灰岩《せっかいがん》となって、この山脈《さんみゃく》に堆積《たいせき》している。石灰岩《せっかいがん》は水に溶《と》けやすいため、九寨《きゅうさい》

九寨溝《きゅうさいこう》の美しい湖。

溝《こう》の湖沼《こしょう》は、雨水や河川《かせん》の水、地下水などによって、長い年月をかけて浸食《しんしょく》されつづけて形成されたものなのだ。こうしてできた地形をカルスト地形という。

また、石灰岩《せっかいがん》は水に溶《と》けると、大量の炭酸《たんさん》カルシウムを発生させる。そのため、山々《やまやま》からしみでる地下水には、地中から溶《と》けだした炭酸《たんさん》カルシウムが多くふくまれている。絶《た》えず流れつづける地下水は、ところどころに沈殿《ちんでん》して石灰《せっかい》の堤防《ていぼう》をつくりあげる。こうして、たくさんの湖沼《こしょう》が、棚田《たなだ》のようにつらなり、不思議な光景をつくってきたのだ。

九寨溝《きゅうさいこう》の水がとびきり透《す》きとおっているのも、

地下水の炭酸《たんさん》カルシウムが水中にただようちりや不純物《ふじゅんぶつ》を湖底に沈《しず》めてしまうからだ。青く光る水の底には、沈《しず》んだ倒木《とうぼく》が腐《くさ》らずにそのまま横たわっていて、まるで時間がとまったかのような木々《きぎ》の姿《すがた》を見ることができる。

これほどまでに美しく幻想的《げんそうてき》な九寨溝《きゅうさいこう》の世界は、はるか太古の海に広がったサンゴ礁《しょう》によってもたらされている。この奇跡《きせき》の光景は、地球の長い歴史《れきし》のなかで見れば、ほんのちょっとのいたずらでしかないのかもしれない。

アジアからもうひとつ、ベトナムのフォンニャ＝ケバン国立公園を紹介《しょうかい》しよう。この国立公園の一帯には、四億年以上も前にできたカルスト地形が広がり、大小三百以上の洞窟《どうくつ》が発見されている。もっとも大きな洞窟《どうくつ》が、名前の一部にもなっているフォンニャ洞窟《どうくつ》だ。全長七キロ以上あるこの洞窟《どうくつ》には地下河川《かせん》が流れていて、ボートで入っていける。洞窟《どうくつ》の内部では、多彩《たさい》で神秘的《しんぴてき》な鍾乳石《しょうにゅうせき》が無数に見られる。ほかにも、奥深《おくふか》くに別世界のような美しさが広がり、「天国の洞窟《どうくつ》」ともよばれているティエンソン洞窟《どうくつ》など、特徴的《とくちょうてき》な洞窟《どうくつ》がたくさんある。

フォンニャ洞窟《どうくつ》の天井から、つらら状《じょう》にたれさがる巨大《きょだい》な鍾乳石《しょうにゅうせき》。

国立公園内には、原生林がしげり、八百種以上の動物、五百種以上の植物が生息し、希少な生物もいるという。洞窟《どうくつ》や地下河川《かせん》とともに、多様な生物がいることも評価《ひょうか》され、二〇〇三年に自然遺《い》産《さん》に登録された。

つぎは、ヨーロッパの有名な山を紹介《しょうかい》しよう。

アルプスは、ヨーロッパ中南部にある千二百キロもつづくヨーロッパの大山脈《だいさんみゃく》だ。フランス、スイス、イタリアなどの国にまたがっている。フランスとイタリアの国境《こっきょう》にそびえるモンブラン（標高四千八百八メートル）、スイスとイタリアの国境《こっきょう》に位置するマッターホルン（標高四千四百七十八メートル）、スイスの南部にあるユングフラウ（標

ユングフラウをバックに走るユングフラウ鉄道。

高四千百五十八メートル）など、四千メートル級の高峰《こうほう》がそびえている。

ユングフラウの途中《とちゅう》までは登山鉄道でのぼることができる。終着駅のユングフラウヨッホ駅は、海抜《かいばつ》三千四百五十四メートルに位置していて、ヨーロッパでもっとも高い場所にある駅だ。展望《てんぼう》台《だい》からは、ヨーロッパ最大の氷河《ひょうが》であるアレッチ氷河《ひょうが》をのぞむことができる。

アレッチ氷河《ひょうが》と、ユングフラウをはじめとする近隣《きんりん》の山々《やまやま》の山頂《さんちょう》をふくむ一帯が、二〇〇一年に自然遺産《いさん》に登録されている。広大な氷河《ひょうが》が存在《そんざい》し、アルプスを形成する土地の隆起《りゅうき》や地層《ちそう》のうねりが見られる類のない場所であること、また、高山帯

ヨーロッパ最長の氷河《ひょうが》といわれるアレッチ氷河《ひょうが》。

から亜高山帯《あこうざんたい》を代表する野生生物が生息していること、ユングフラウなどのアルプス北壁《ほくへき》の景色がヨーロッパの文学や美術《びじゅつ》に大きな影響《えいきょう》をあたえてきたことなどが高く評価《ひょうか》された。

最後にオセアニアから、世界最大のサンゴ礁《しょう》、グレート・バリア・リーフを紹介《しょうかい》しよう。この広大なサンゴ礁《しょう》は、オーストラリアの北東岸から沖に広がっている。面積は三十四万四千四百平方キロ以上あり、これは日本の国土にせまる広さだ。この海域《かいいき》に何百という大小の島が点在《てんざい》している。多くは無人島だが、高級リゾート地になっている島もある。

サンゴ礁《しょう》とは、サンゴという生物がつくる石灰《せっかい》

世界中のダイバーが一度はもぐってみたいとあこがれるグレート・バリア・リーフ。

の骨格《こっかく》が積みかさなったものだ。サンゴは、イソギンチャクなどと同じ刺胞《しほう》動物の仲間で、死ぬと石灰《せっかい》の硬《かた》い骨格《こっかく》だけが残される。生きているサンゴの下には、死んだサンゴが残した石灰岩《せっかいがん》の層《そう》がどんどん積みかさなっていく。サンゴ礁《しょう》は、小さな生き物のすみかになり、それをえさにしている大型《おおがた》の魚も集まる。世界の海にいる生物のうち、四分の一の種がサンゴ礁《しょう》にすんでいるともいわれる。
グレート・バリア・リーフでは、約二百万年前から堆積《たいせき》しつづけてきた石《せっ》灰岩《かいがん》の上で、今も約四百種のサンゴが生きつづけている。そして、魚は千五百種以上、ウニ、ヒトデ、ナマコなどの棘皮《きょくひ》動物は約三百五十種、イカ、タコ、巻貝《まきがい》、二枚貝《にまいがい》などの軟体《なんたい》動物が約四千種いる。そのほか、二百種以上の鳥類がいて、ジュゴンやウミガメなど、絶滅《ぜつめつ》のおそれのある生物も生息している。このサンゴ礁《しょう》を海洋生物の宝庫《ほうこ》だという人もいる。

グレート・バリア・リーフは、一九八一年に自然遺産《いさん》に登録された。しかし、近年、さまざまな環境《かんきょう》問題によって、サンゴ礁《しょう》が危険《きけん》にさらされている。気候変動による海水温の上昇《じょうしょう》は、サンゴを白化《はっか》させて死滅《しめつ》させるおそれがあるという。海水の汚染《おせん》やオニヒトデの大量発生なども、サンゴを減少《げんしょう》させる原因《げんいん》になっている。

サンゴ礁《しょう》がなくなれば、そこにすむ生物たちは生きていけない。二〇二二年、ユネスコは、グレート・バリア・リーフの生態系《せいたいけい》について、深刻《しんこく》な脅威《きょうい》にさらされていると警告《けいこく》した。

乱獲《らんかく》・密売《みつばい》からゾウやトラを守れ！

地球が誕生《たんじょう》したのは、今から四十六億年前とされる。その二億年後に海ができて、海の中で最初の生物が誕生《たんじょう》したのが三十八億年前。その後、たくさんの生物が生まれては消えていった。現在《げんざい》、地球上には、確認《かくにん》されているだけでも百七十五万種、未発見のものをふくめると、五百万から三千万種の生物がいるとされている。

地球はこれまで五度、生物の大量絶滅《ぜつめつ》を経験《けいけん》している。もっとも有名なものは、今から六千六百万年前、白亜紀《はくあき》に発生したものだろう。そのとき、恐竜《きょうりゅう》をふくめて全生物種の七五パーセントが絶滅《ぜつめつ》している。この原因《げんいん》について、もっとも有力とされているのが隕石衝突説《いんせきしょうとつせつ》だ。地球に巨大《きょだい》な隕石《いんせき》が衝突《しょうとつ》したことによって、地球環境《かんきょう》に大変動が起きたためだとされている。

じつは現在《げんざい》でも、生物の大量絶滅《ぜつめつ》が起きている。原因《げんいん》は明確《めいかく》で、わたしたち人間の活動によるものだ。人間の活動が地球環境《かんきょう》に大変動を起こしていて、そのために大量絶滅《ぜつめつ》が起きている。しかも、この大量絶滅《ぜつめつ》は、白亜紀《はくあき》の絶滅《ぜつめつ》をはるかに上回り、今はさらにペースをはやめているという。一九七五年から二〇〇〇年のあいだ、一年間に四万種の生物が絶滅《ぜつめつ》しつづけているという報告《ほうこく》がある。つまり、毎日百種以上の生物が絶滅《ぜつめつ》しているということだ。

地球上では、確認《かくにん》されている種の四分の一が絶滅《ぜつめつ》の危機《きき》にひんしているともいわれている。一度絶滅《ぜつめつ》した生物は、もう二度と地球上にあらわれることはない。このまま絶滅《ぜつめつ》のペースをおさえることができなければ、いったいどうなってしまうのだろうか。

ＩＵＣＮ（国際自然保護連合《こくさいしぜんほごれんごう》）は、一九六四年から「ＩＵＣＮ絶滅危惧種《ぜつめつきぐしゅ》レッドリスト」を作成している。このリストは、地球上に生息する動物・植物・菌類《きんるい》などの生息状況《じょうきょう》に関する大切な情報源《じょうほうげん》になっていて、二〇二三年現在《げんざい》で、約四万四千種の生物が絶滅危惧種《ぜつめつきぐしゅ》に指定されている。ここではレッドリストに掲載《けいさい》されている生物のうち、

親子で草を食べるアジアゾウ。

ホ乳類《にゅうるい》をいくつか取りあげて紹介《しょうかい》する。

現在《げんざい》、地球上に生息しているゾウは、アフリカにすむサバンナゾウとマルミミゾウ、南アジアや東南アジアにすむアジアゾウの三種に分かれる。長いあいだ、アフリカに生息するゾウはアフリカゾウの一種とされていたが、今はサハラ砂漠《さばく》以南に生息するサバンナゾウと、より小型《こがた》でアフリカ中央部および西部の森林地帯に生息するマルミミゾウの二種に分けられることが一般的《いっぱんてき》になった。この三種のゾウは、いずれもレッドリストに掲載《けいさい》されている。

ゾウの数が減少《げんしょう》している原因《げんいん》は、象牙《ぞうげ》や食肉を目的とした密猟《みつりょう》の対象《たいしょう》になっていること、それから人口増加《ぞうか》や開発によって生息地が減少《げんしょう》していることがあげられる。アフリカやインドなどでは、人口が急激《きゅうげき》に増加《ぞうか》していて、ますますゾウの生息地をうばいつづけてしまうと危惧《きぐ》されている。一方で、すでに生息地をうばわれたゾウたちが畑の作物を食《く》い荒《あ》らしたり、人を殺《ころ》してしまったりする被害《ひがい》が起きている。

サバンナゾウとマルミミゾウの合計数は、二〇一六年時点で四十一万五千頭と推定《すいてい》されている。この数は、十年前から三割《わり》も減少《げんしょう》しているという。もし仮《かり》に、つぎの十年も同様に三割《わり》へったとしたら、二十年前とくらべて半分の数になってしまうということだ。

現在《げんざい》、密猟《みつりょう》の被害《ひがい》をなくすためのパトロールが強化されたり、生息地の自然環境《かんきょう》を守るために地域《ちいき》の人々《ひとびと》への支援《しえん》活動が実施《じっし》されたりするなど、ゾウの保全《ほぜん》活動がおこなわれている。しかし、ゾウの絶滅《ぜつめつ》を救《すく》うには十分ではないといわれている。

アフリカ南部に生息するクロサイも絶滅《ぜつめつ》のおそれがあるといわれている。クロサイといえば、全身を鎧《よろい》のような皮膚《ひふ》でおおい、鼻の上に大小二本のりっぱな角《つの》を持って

大きな体にもかかわらず、時速45キロで走るといわれるクロサイ。

いる。クロサイは、草原の広がるサバンナや森林、藪地《やぶち》などに生息していて、一九六〇年には十万頭いたが、一九九〇年代なかばには、わずか二千数百頭にまで減少《げんしょう》してしまった。
減少《げんしょう》した原因《げんいん》は、おもに角《つの》を得《え》るための密猟《みつりょう》だ。クロサイは、長年にわたり密猟《みつりょう》の脅威《きょうい》にさらされつづけている。サイの角《つの》は、アジア諸国《しょこく》で昔から伝統《でんとう》薬《やく》の成分として高値《たかね》で取り引きされているのだ。現在《げんざい》、南アフリカなどの国や国際的《こくさいてき》なNGO（非政府組織《ひせいふそしき》）、地《ち》域《いき》住民による献身的《けんしんてき》な保護《ほご》・保全《ほぜん》活動

ネコ科の動物で最大といわれるアムールトラ。オスの大きい個体《こたい》だと、体重が350キロにもなる。

によって、クロサイの数は少しずつ回《かい》復《ふく》してきている。しかし、クロサイが絶滅《ぜつめつ》に直面している事実に変わりはなく、楽観視《らっかんし》はできないようだ。
ネコ科の猛獣《もうじゅう》のトラも、レッドリストに掲載《けいさい》されている。現在《げんざい》、トラは、インド、バングラデシュ、ロシア、マレーシア、インドネシア、タイ、ネパールなどに生息している。かつてトラは、アジアの熱帯や亜熱帯《あねったい》の地域《ちいき》に広く分布《ぶんぷ》し、密林《みつりん》や湿地《しっち》、サバンナなど、さまざまな環境《かんきょう》に適応《てきおう》して生きていた。しかし、トラの生息できる場所がどんどんせまくなり、二十世紀《せいき》はじめには十万頭いたが、今や数千頭になってしまった。

減少《げんしょう》したおもな原因《げんいん》は、森林伐採《ばっさい》と密猟《みつりょう》といわれている。人口増加《ぞうか》や開発によって、それまで生息していた場所にすめなくなり、繁殖《はんしょく》しにくくなっているのだ。また、漢方薬《かんぽうやく》の原料になるトラの骨《ほね》が高値《たかね》で取り引きされているため、密猟《みつりょう》が後を絶《た》たない。トラの保全《ほぜん》活動はおこなわれているものの、十分ではないようだ。

北極圏《ほっきょくけん》周辺にすむトナカイの話もしよう。トナカイは、北アメリカ大陸ではカリブーとよばれていて、この生物も絶滅《ぜつめつ》があやぶまれている。レッドリストに掲載《けいさい》されたのは二〇一六年。かつては四百八十万頭いたとされるが、二〇一五年では二百八十九万頭に激減《げきげん》したのだ。

トナカイは群れをつくり、季節によって何十キロ、何百キロも移動《いどう》しながらくらしている。えさとなる草を求め、季節に応《おう》じて生息地を変えているのだ。トナカイが減少《げんしょう》した原因《げんいん》はいろいろ考えられるという。ひとつはトナカイの生息地で開発がおこなわれ、群れが移動《いどう》できなくなったこと。また、気候変動により、草のはえる時期が早まって食べ物にありつけなくなったことや、蚊《か》がふえて感染症《かんせんしょう》の被害《ひがい》が拡大《かくだい》したこと。トナカイを絶滅《ぜつめつ》に追いやる土地開発はもちろんだが、気候変動も人間の活動によるものだと警鐘《けいしょう》が鳴らされている。

ここで取りあげた動物たちは、どれもよく知っているものだったのではないかと思う。これらのなじみのある動物たちがまったく存在《そんざい》しない地球になっても、みなさんはゆるせるだろうか。

雪原に立つトナカイ。

世界の絶滅危惧種《ぜつめつきぐしゅ》（ハ虫類・両生類）

大洋を泳ぐウミガメを守れ！

一九七五年、野生動植物を保護《ほご》する目的で、ワシントン条約《じょうやく》が発効《はっこう》された。正式名《めい》称《しょう》は「絶滅《ぜつめつ》のおそれのある野生動植物の種《しゅ》の国際《こくさい》取引に関する条約《じょうやく》」。ＩＵＣＮ（国《こく》際《さい》自然《しぜん》保護《ほご》連合《れんごう》）が中心となって条文《じょうぶん》を作成したという。

人間社会のなかで、野生の動植物はさまざまな目的で利用されている。食べるため、製品《せいひん》の材料として使うため、観賞用《かんしょうよう》やペットにするためなどがおもな目的だが、過剰《かじょう》に取り引きされることで、多くの生物が絶滅《ぜつめつ》の危機《きき》にひんしているのだ。ワシントン条約《じょうやく》では希少な野生の動植物のリストをつくっていて、生きているものにかぎらず、剥製《はくせい》や加工品、角《つの》、爪《つめ》、種《たね》などもふくめて、商業目的の取り引きを規制《きせい》している。

ここではハ虫類からウミガメ、両生類からアホロートルを取りあげて話をしよう。

海中を泳ぐアオウミガメ。ウミガメのなかでは大型《おおがた》で重量感がある。

ウミガメは、二億年以上も前から地球上に存在《そんざい》してきた生物だ。二〇二三年時点で、生息しているウミガメは、アオウミガメ、アカウミガメ、タイマイ、オサガメ、ヒメウミガメ、ケンプヒメウミガメ、ヒラタウミガメの七種だ。

アオウミガメは、ウミガメのなかでは唯一《ゆいいつ》の草《そう》食性《しょくせい》で、熱帯の海に広く見られる。日本では小笠《おがさ》原諸島《わらしょとう》が最大の繁殖《はんしょく》地だという。

アカウミガメは、大きな頭を持つ肉食のカメ。巻貝《まきがい》やカニ、クラゲなどを食べている。地中海では、このウミガメがもっともよく見られる。

タイマイは、鳥のくちばしに似《に》た口を持っているのが特徴《とくちょう》だ。熱帯・亜熱帯《あねったい》の海域《かいいき》に生息し、甲《こう》羅《ら》は日本でも古くから工芸品の鼈甲細工《べっこうざいく》の材料として利用されてきた。

オサガメは、ウミガメのなかでもっとも大きく、成長すると甲羅《こうら》の長さは百八十センチ、体重は五百キロにもおよぶ。繁殖《はんしょく》の時期をのぞいて、生涯《しょうがい》、外洋を周遊しつづけている。

ヒメウミガメとケンプヒメウミガメは、成長しても体長七十センチほど。たくさんのメスがいっせいに砂浜《すなはま》に上陸して産卵《さんらん》する。そして、ヒラタウミガメは、ふちが上に反《そ》った平たい甲羅《こうら》が特徴《とくちょう》で、オーストラリア北部の海岸で産卵《さんらん》する。

七種のウミガメのうち、六種はレッドリストに掲載《けいさい》されている。掲載《けいさい》されていないのはヒラタウミガメだが、これは情報《じょうほう》が不足しているために判《はん》断《だん》ができないからのようだ。ワシントン条約《じょうやく》では、

アオウミガメの産卵《さんらん》。

ふ化したばかりのウミガメ。

七種すべてのウミガメについて国際《こくさい》取引を禁止《きんし》している。

ウミガメが減少《げんしょう》している原因《げんいん》のひとつに、食用のための乱獲《らんかく》があげられる。ウミガメを食べることは、昔から世界各地の海岸地域《ちいき》でおこなわれてきた。卵《たまご》の乱獲《らんかく》もウミガメが減少《げんしょう》している原因《げんいん》のひとつと考えられている。ウミガメは、一回の産《さん》卵《らん》で百個《こ》以上の卵《たまご》を産むが、砂浜《すなはま》で産卵《さんらん》するので簡単《かんたん》に採集《さいしゅう》できてしまう。

また、ウミガメは、装飾品《そうしょくひん》の材料としても捕獲《ほかく》されつづけている。鼈甲《べっこう》は、日本をふくむ東アジアや東南アジアで人気がある。ワシントン条約《じょうやく》で禁止《きんし》されているにもかかわらず、今でも日本に密輸入《みつゆにゅう》されているという調査《ちょうさ》結果が報告《ほうこく》されている。

体にビニール袋《ぶくろ》がからみついたまま泳ぐウミガメ。

また、漁業用の網《あみ》に引っかかったり、釣《つ》り針《ばり》を飲みこんでしまったりして死亡《しぼう》するケースも多い。漁の際《さい》に目的以外の生物がとれることを混獲《こんかく》というが、これはウミガメにとって、たいへんな脅威《きょうい》になっている。ウミガメは肺呼吸《はいこきゅう》をするハ虫類であるため、空気のある海面に出て呼吸《こきゅう》をしなければならない。しかし、海中で網《あみ》にかかると、海面に出ることができずに窒息《ちっそく》して死んでしまう。網《あみ》にウミガメがかからないようにするため、特別な装置《そうち》を取りつけるなどの対策《たいさく》も取られているが、けっして十分ではないようだ。
ウミガメの産卵《さんらん》場所である砂浜《すなはま》の悪化も、絶滅《ぜつめつ》をまねく原因《げんいん》のひとつといわれている。リゾート開発が進むと、砂浜《すなはま》が破壊《はかい》される。また、砂浜《すなはま》の近くで夜に街灯が灯《とも》るようになると、光をきらうウミガメは、そこでは産卵《さんらん》しなくなる。産卵《さんらん》しても、ふ化した子ガメは街灯の光にさそわれて、海からはなれてしまうこともあるようだ。

現在《げんざい》、ウミガメを保護《ほご》するために、たくさんの人たちが活動をつづけている。しかし、さまざまな原因《げんいん》によって、いまだに絶滅《ぜつめつ》の危機《きき》から脱《だっ》することがむずかしい状況《じょうきょう》にあるようだ。

両生類のアホロートルは、みなさんも知っている動物だろう。

メキシコサンショウウオとも、メキシコサラマンダーともいわれるが、日本では、「ウーパールーパー」という俗称《ぞくしょう》のほうがよく知られているだろう。全長は十～二十五センチくらい。体の色は斑点《はんてん》のある褐色《かっしょく》や、黒、ピンクがかった白、黄色などが見られる。両生類だが、カエルのようにオタマジャクシから変態《へんたい》するということはなく、幼生《ようせい》の姿《すがた》のまま成熟《せいじゅく》する。

再生能力《さいせいのうりょく》が高いのが特徴《とくちょう》で、あしが切れたとしても新しくはえてくるし、心臓《しんぞう》や脊《せき》

姿《すがた》や動きがユニークなアホロートル（ウーパールーパー）。

髄《ずい》などの臓器《ぞうき》や目の水晶体《すいしょうたい》も再生《さいせい》できるのだ。アホロートルの驚異的《きょういてき》な再生能力《さいせいのうりょく》は、再生医療《さいせいいりょう》の研究でも注目されている。

アホロートルは、その独特《どくとく》の姿《すがた》で人気が高く、世界中の国々《くにぐに》で飼育《しいく》されている。日本では多くの水族館で見られるばかりか、ペットとしてもたいへん人気だ。それにもかかわらず、野生のアホロートルは、絶滅《ぜつめつ》の危機《きき》にさらされている。かつてはメキシコシティ周辺の湖に広くいたが、今はほんの一部の場所にしか生息していないのだ。

原因《げんいん》としては、メキシコシティの人口

アホロートルを捕食《ほしょく》するティラピア。

が増加《ぞうか》しつづけて市街地が広がり、生息できる湖や川が減少《げんしょう》したこと、工場や家庭の排水《はいすい》によって水がよごれてきたこと、コイやティラピアなどの食欲旺盛《しょくよくおうせい》な外来種の魚によって捕食《ほしょく》されていることなどがあげられる。
　わたしたちが生物の保護《ほご》をうったえ、ワシントン条約《じょうやく》で取り引きの規制《きせい》をするのは、人工的な環境《かんきょう》でしか生きられない「生きたサンプル」をつくるためではない。メキシコでは、野生のアホロートルの絶滅《ぜつめつ》を回避《かいひ》するために、生息地の保全《ほぜん》や環境《かんきょう》の復元《ふくげん》などの活動が進められている。

世界の絶滅危惧種《ぜつめつきぐしゅ》（魚類・鳥類）

気候変動からサメやフクロウを守れ！

自然界では、生物たちのあいだで絶《た》えず競争がくりかえされ、争いにやぶれて絶滅《ぜつめつ》した生物がたくさんいる。また、自然環境《かんきょう》の変化に適応《てきおう》できずに絶滅《ぜつめつ》した生物もたくさんいる。そして、人間のさまざまな活動もまた、大量の生物を絶滅《ぜつめつ》の危機《きき》に追いやってしまっている。ここでは、魚類と鳥類の例を紹介《しょうかい》する。

まずはホホジロザメの話をしよう。

ホホジロザメは、全長四・六メートル、体重二・三トン、大きいものでは六メートルを超《こ》えることもある魚類だ。流線形の巨体《きょたい》と、大きな口にするどい歯を持つ。世界中の海に広く分布《ぶんぷ》するハンターで、すぐれた嗅覚《きゅうかく》は三十キロもはなれたところにある血のにおいをかぎつけるという。

大きな口とするどい歯を持つホホジロザメ。

『ジョーズ（JAWS）』という映画《えいが》をご存じだろうか？　スティーブン・スピルバーグ監督《かんとく》による映画《えいが》で、一九七五年に公開された。この映画《えいが》の大ヒットによって、ホホジロザメが人食いザメとして一躍《いちやく》有名になった。実際《じっさい》、ホホジロザメにおそわれて命を失った人はいる。しかし、そういったことはごくまれで、ホホジロザメが最初から人間をねらうことはないという人もいる。
悪評《あくひょう》の高いこのサメも、今はIUCN絶滅危惧種《ぜつめつきぐしゅ》のレッドリストに掲載《けいさい》されている。中国料理で使うフカひれ（サメの

大きな個体《こたい》では体重300キロにもなるメコンオオナマズ。

ひれ）を得《え》るために乱獲《らんかく》され、漁網《ぎょもう》による混獲《こんかく》という脅威《きょうい》にもさらされている。また、海の生態系《せいたいけい》の上位に立つ捕食者《ほしょくしゃ》であるために、環境汚染《かんきょうおせん》の影響《えいきょう》が体に蓄積《ちくせき》しやすく、個体数《こたいすう》の減少《げんしょう》がつづいているのだ。
巨大《きょだい》な淡水魚《たんすいぎょ》のメコンオオナマズもレッドリストに掲載《けいさい》されている。この魚は、タイやカンボジア、ラオス、ベトナムなどを流れるメコン川流域《りゅういき》に生息しているる。全長三メートルもあり、ピラルクやアリゲーターガー、パーカーホなどとともに、世界最大級の淡水魚《たんすいぎょ》だ。メコンオオナマズは草食で、水草や藻類《そうるい》などを食べている。季節に応《おう》じて回遊するので、生きていくためには広い流域《りゅういき》が必要だという。

メコンオオナマズの生息数が激減《げきげん》しているのは、食用のための乱獲《らんかく》や、開発による生息地の減少《げんしょう》、環境《かんきょう》の変化が大きな原因《げんいん》になっている。一部の地域《ちいき》では、この巨大魚《きょだいぎょ》の捕獲《ほかく》が禁止《きんし》されているが、いまだに絶滅《ぜつめつ》の危機《きき》にひんしている。

つぎは、鳥類からシロフクロウの話をしよう。

シロフクロウは、白い羽毛におおわれたフクロウだ。小説「ハリー・ポッター」のシリーズで、主人公のハリーが飼《か》っていることでも有名だろう。翼《つばさ》を広げると、左右一・五メートルほどになる。オスは全身が白く、メスは褐色《かっしょく》のまだらになっている。えさはネズミやウサギなどの小動物や鳥のひななどだ。北極圏《ほっきょくけん》のツンドラ地域《ちいき》に広く分布《ぶんぷ》していて、冬季は南にくだって、そこで冬を越《こ》す。その時期は、北海道《ほっかいどう》でもシロフクロウが見られることがあるようだ。

シロフクロウの数が減少《げんしょう》し、絶滅《ぜつめつ》の可能性《かのうせい》があるのは、気候変動が原因《げんいん》だといわれ

白い羽毛を持つオスのシロフクロウ。

ている。地球の平均気温《へいきん》が上昇《じょうしょう》する地球温暖化《おんだんか》によって北極圏《ほっきょくけん》の生息地が少なくなったこと、降雪状況《こうせつじょうきょう》の変化によってえさとする動物が少なくなったことなどが、シロフクロウに脅威《きょうい》をあたえているのではないかといわれている。

最後に、コウノトリの話をしよう。

コウノトリは、体長一・一メートル、翼《つばさ》を広げると左右二・二メートルにもなる大型《おおがた》の鳥。「赤ちゃんは*コウノトリが運んでくる」などといわれることもある渡り鳥《わたどり》だ。

全身の羽根はほぼ白で、風切羽《かざきりばね》が黒い。


*正しくはシュバシコウ。

するどいくちばしを持つコウノトリ。

くちばしは黒であしは赤く、見た目では、オスとメスに大きなちがいはない。水辺で魚やカエル、貝類、ネズミや昆虫《こんちゅう》などの小動物を食べている。
コウノトリは、成長すると鳴けなくなり、そのかわりに、くちばしをカタカタとはげしくたたいて鳴らすようになる。これはクラッタリングとよばれていて、ほかの鳥ではあまり見られないめずらしい行動だ。コウノトリは、このクラッタリングによって、威嚇《いかく》したり愛情《あいじょう》を伝えたりするなどのコミュニケーションをとっているという。

コウノトリも生息数が少なく、絶滅《ぜつめつ》するおそれがあるといわれている。野生のコウノトリは、ロシアのアムール川の中流域《ちゅうりゅういき》や、中国の黒龍江省《こくりゅうこうしょう》などに数千羽が生息しているだけだという。そして、冬になると、中国南部や朝鮮《ちょうせん》半島、日本などにわたってくる。

かつては、日本各地でコウノトリが見られた。人がくらしているところのすぐ近くにいて、水田などをえさ場にして繁殖《はんしょく》していた。しかし、乱獲《らんかく》や農薬の影響《えいきょう》によって、えさとしていたドジョウやカエルが激減《げきげん》したことや、森林が破壊《はかい》されて巣づくりに適《てき》した大木が少なくなったことなどから、少しずつ生息数がへり、一九七一年、日本では野生のコウノトリが絶滅《ぜつめつ》してしまう。

しかし、一九八八年以降《いこう》、東京都の都立多摩《たま》動物公園や兵庫県豊岡市《ひょうごけんとよおかし》のコウノトリ保護増殖《ほごぞうしょく》センターなどが、コウノトリの繁殖《はんしょく》に成功している。そして、一九九九年、コウノトリの野生化プロジェクトの拠点《きょてん》として、豊岡市《とよおかし》に兵庫県立《ひょうごけんりつ》コウノトリの郷《さと》公園が開園。二〇〇五年には、試験放鳥が開始される。二〇〇七年には、野外の人工巣《す》

兵《ひょう》庫《ご》県立《けんりつ》コウノトリの郷《さと》公園。左奥《ひだりおく》に見える建物は豊岡《とよおか》市立コウノトリ文化館。

塔《とう》でひなが誕生《たんじょう》し、みごとに巣立っている。その後、二〇二二年には、野外コウノトリの個体数《こたいすう》が三百羽に到達《とうたつ》した。
豊岡市《とよおかし》では、地域《ちいき》の理解《りかい》と協力を得《え》て、コウノトリと人間が共生できるゆたかな環境《かんきょう》の再生《さいせい》をめざしているという。一度は絶滅《ぜつめつ》したコウノトリが、少しずつ国内の空で見られるようになっている。

猛毒《もうどく》注意！　死のリンゴに天使のラッパ

熾烈《しれつ》な生存《せいぞん》競争のなかで、毒《どく》を身につけるにいたった生物たちがいる。目的はおもに二つある。自分の身を守るため、そして、えものをつかまえるためだ。進化の長い時間の果てに獲得《かくとく》した毒《どく》は、生きるための強力な武器《ぶき》なのだ。

だが、進化のいたずらとでもいえるような、とんでもない猛毒《もうどく》を身につけてしまった生物たちがいる。そんな猛毒《もうどく》植物を紹介《しょうかい》しよう。

「世界でもっとも危険《きけん》な木」といわれる樹木《じゅもく》がある。砂浜《すなはま》や沼地《ぬまち》、マングローブ林に多く生育するマンチニールだ。北アメリカ南部や中央アメリカ、南アメリカ北部が原産の常緑樹《じょうりょくじゅ》だ。高さ十五メートルほどまで育ち、青リンゴに似《に》た小さな果実をつける。おいしそうに見える果実だが、強力な毒《どく》をふくんでいるため、「死の小リンゴ」とも

リンゴによく似《に》たマンチニールの果実。

よばれている。

その小さなリンゴを口にすると、のどに焼けるような激痛《げきつう》が走るという。のどに出血や炎症《えんしょう》があらわれ、はれあがって食べ物を飲みこむことができなくなり、最悪の場合は命を失うおそれもある。

危険《きけん》なのは果実ばかりではない。樹木《じゅもく》全体に毒《どく》をふくんでいて、表皮にまで毒《どく》の成分がしみだしているのだ。そのため、幹《みき》や葉にふれるだけで、やけどをしたような痛《いた》みにおそわれ、皮膚《ひふ》ははれあがってただれるという。

また、雨の日には、この木に近づいてもいけない。マンチニールの毒《どく》は水に溶《と》けやすいため、こんもりとしげった枝葉《えだは》から毒《どく》をふくんだ雨水がしたたり落ちてくるのだ。マンチニールの木の下で雨宿りなんてしてしたら、全身がかぶれてしまうおそれがある。マンチニールは焼いてもいけない。燃《も》やすと有毒《ゆうどく》な煙《けむり》が発生するからだ。その煙《けむり》を吸《す》いこむと、のどや鼻、気管などの呼吸器《こきゅうき》に炎症《えんしょう》を起こすことがあり、煙《けむり》が目に入ると失明する可能性《かのうせい》もあるという。

だが、不思議なことに、この猛毒《もうどく》を克服《こくふく》したイグアナもいる。マンチニールの樹上《じゅじょう》にすみつき、果実を食べることができるという。人間もけっして負けてはいない。一部の地域《ちいき》では、海からの強風をふせぐ防風林《ぼうふうりん》として、このマンチニールをしたたかに利用しているのだ。

つぎに、オーストラリアの熱帯雨林に自生する有毒植物《ゆうどくしょくぶつ》を紹介《しょうかい》しよう。ギンピ・ギンピというイラクサ科の植物で、葉の表面が無数の細いトゲでおおわれている。葉にふれると、たちまちやわらかそうなトゲから強力な神経毒《しんけいどく》を注入される。神経毒《しんけいどく》とは、神経細胞《しんけいさいぼう》に作用する毒《どく》のことで、摂取《せっしゅ》すると筋肉《きんにく》の麻痺《まひ》や呼吸困難《こきゅうこんなん》など、さまざまな症状《しょうじょう》があらわれる。

うっかり葉にふれると危険《きけん》なギンピ・ギンピ。

この植物の毒《どく》の痛《いた》みは尋常《じんじょう》ではないようだ。今まで経験《けいけん》したことのない痛《いた》みだという人もいれば、二週間は寝《ね》られないほど痛《いた》みがひどくて、その後、刺《さ》すような痛《いた》みが二年つづいたという人もいる。ギンピ・ギンピの上に落ちてしまった人が病院に入院した際《さい》、痛《いた》みで暴《あば》れてしまうため、三週間、ベッドにしばりつけられたという話もある。また、馬があまりの痛《いた》さに苦しみ、崖《がけ》から飛びおりたという話まである。きわめて強い毒性《どくせい》を持つギンピ・ギンピは、トゲのある植物のなかでも、もっとも苦痛《くつう》をあたえるものだともいわれている。
つぎに紹介《しょうかい》するのは、南米の熱帯地域《ちいき》が原産のエンジェルストランペット。この名前は、英語で

民家の庭先でも見られるエンジェルストランペット。

「天使のトランペット」「天使のラッパ」という意味をあらわす。高さが二メートル以上になる植物で、白や黄色、オレンジ、ピンクのラッパのような花を下向きにつける。

この植物は、キダチチョウセンアサガオともいわれ、園芸植物として日本でも見かけるものだ。しかし、たいへん危険《きけん》な植物で、花や実もふくめて、すべての部分に毒《どく》がふくまれている。この植物の根をゴボウとまちがえたり、つぼみをオクラとまちがえたり、種《たね》をゴマとまちがえたりして食べてしまう事例があるので、注意が必要だ。

エンジェルストランペットの毒《どく》は、一定以上の量を摂取《せっしゅ》すると、幻覚《げんかく》作用を引きおこす。瞳孔《どうこう》が拡大《かくだい》し、倦怠感《けんたいかん》やふらつき、嘔吐《おうと》やけいれん、呼吸困難《こきゅうこんなん》の症状《しょうじょう》があらわれるほか、幻覚症状《げんかくしょうじょう》によって意識《いしき》を正常《せいじょう》にたもてなくなることもあるという。

「天使のラッパ」と聞いて、かわいらしいイメージを持つ人も多いだろうが、キリスト教の聖典《せいてん》である新約聖書《せいしょ》の「ヨハネの黙示録《もくしろく》」には、災害《さいがい》の前ぶれとなるラッパを吹《ふ》く七人の天使が登場する。エンジェルストランペットの毒《どく》の恐《おそ》ろしさをよく知る人は、むしろ不吉《ふきつ》なイメージを持つかもしれない。

最後に、ゲルセミウム・エレガンスという植物を紹介《しょうかい》しよう。東南アジアから中国南部にかけた地域《ちいき》が原産で、つるをのばす常緑《じょうりょく》植物だ。つるは長いもので十メートル以上になるが、花は直径二センチほどしかない。その小さな黄色い花は、甘《あま》い香《かお》りを放つ。

しかし、この植物の毒《どく》は、昔から毒草《どくそう》の代表とされているトリカブトの毒《どく》よりもはるかに強い。そのため、ゲルセミウム・エレガンスは、「世界最強の毒草《どくそう》」ともいわれているのだ。花、葉、茎《くき》、根のどの部分にも毒《どく》がふくまれているが、とくに若芽《わかめ》に

黄色の小さい花をつけるゲルセミウム・エレガンス。　© Toby Y

強い毒《どく》を持つ。もし、この植物を口にしてしまったら、嘔吐《おうと》や下痢《げり》、けいれん、腹痛《ふくつう》、めまい、呼吸困難《こきゅうこんなん》、失神など、さまざまな症状《しょうじょう》を引きおこす。

「毒薬《どくやく》変じて薬となる」ということわざがあるが、じつはこの猛毒《もうどく》植物は、漢方《かんぽう》薬《やく》の材料にも使われている。漢方《かんぽう》では「冶葛《やかつ》」とよばれ、奈良《なら》時代に日本にも運ばれ、奈良県《ならけん》にある東大寺《とうだいじ》の正倉院《しょうそういん》に今も保管《ほかん》されているようだ。

世界の猛毒《もうどく》動物

ゾウも倒《たお》す猛毒《もうどく》ガエル、激痛《げきつう》の弾丸《だんがん》アリ!?

猛毒《もうどく》を持つ動物を紹介《しょうかい》しよう。

毒《どく》を持つ動物のなかには、自分の体内で毒《どく》を生成する機能《きのう》を持っているものもいれば、毒《どく》を持つ生物を食べることで自分の体内に毒《どく》をたくわえる動物もいる。毒《どく》ガエルは後者のほうで、毒《どく》を持つダニや小さな昆虫《こんちゅう》を食べて、体内に毒《どく》をためこんでいる。そんな毒《どく》ガエルのなかでも、南米コロンビアの太平洋岸に広がる熱帯雨林にいるモウドクフキヤガエルは、とびきり強力な毒《どく》を持っている。

このカエルは、体長五センチほどで、全身はあざやかな黄色の皮膚《ひふ》におおわれている。これでは森の中であってもすぐに見つかってしまう。ほかの毒《どく》ガエルにもいえる

名前のとおり猛毒《もうどく》を持つモウドクフキヤガエル。あざやかな黄色い体をしている。

ことだが、目立つ派手《はで》な色をしているのは、自分が毒《どく》を持っていることを周《しゅう》囲《い》に知らせるためだといわれる。このあざやかな色は、「わたしを食べると痛《いた》い目《め》にあうよ」という警告《けいこく》のメッセージなのだ。

モウドクフキヤガエルは、背中《せなか》に猛《もう》毒《どく》を持っている。この毒《どく》はあまりにも強烈《きょうれつ》で、ほんのわずかな量でも、ゾウなら二頭、マウスなら一万びきも殺《ころ》してしまうそうだ。

コロンビアの先住民は、何世紀《なんせいき》ものあいだ、モウドクフキヤガエルの強力

刺《さ》されると、耐《た》えきれないほどの痛《いた》みにおそわれるパラポネラ（サシハリアリ）。

な毒《どく》を吹《ふ》き矢《や》の先に塗《ぬ》って、狩《か》りに利用していた。それが名前の由来にもなっている。ちなみに、このカエルを人工的な飼育環境《しいくかんきょう》のもとで、毒《どく》を持つえさをやらずに育てると、毒《どく》を持たないカエルになるという。
つぎに紹介《しょうかい》するのは、おもにアマゾンに生息しているパラポネラ（サシハリアリ）だ。体長約二・五センチもある大きなアリで、お尻《しり》の先にするどい毒針《どくばり》を持っている。「最凶《さいきょう》の昆虫《こんちゅう》」ともいわれていて、この針《はり》で刺《さ》されると、耐《た》えきれないほどの激痛《げきつう》が走るらしい。

「まるで釘《くぎ》が刺《さ》さったような痛《いた》さだ」と言う人もいる。痛《いた》みが二十四時間つづくことから、「二十四時間アリ」という呼《よ》び名《な》もある。銃弾《じゅうだん》で撃《う》たれたような痛《いた》みを感じるために「弾丸《だんがん》アリ」とよばれることもある。

ところが、信じがたいことに、アマゾンの原住民であるサテラ・マウェ族は、パラポネラを成人の儀式《ぎしき》に使っている。成人になる者は、このアリをぎっしりと編《あ》みこんだ二つのグローブに、両手を入れてひたすら痛《いた》みに耐《た》えなければいけないという。

つぎは、インドネシアやパプアニューギニアなどに生息する有毒《ゆうどく》鳥類を紹介《しょうかい》しよう。全長二十五センチ、オレンジと黒のツートーンカラーのズグロモリモズとよばれる鳥だ。毒《どく》を持つ鳥というのは非常《ひじょう》にめずらしく、ズグロモリモズは、皮膚《ひふ》や羽毛などにかなり強烈《きょうれつ》な毒《どく》を持っている。有毒《ゆうどく》であることが発見されたのは一九九〇年で、世界初の有毒《ゆうどく》鳥類に認定《にんてい》された。

この鳥の持つ毒《どく》は神経毒《しんけいどく》で、ふれるとしびれたり、皮膚《ひふ》に炎症《えんしょう》を起こしたりする。ところが、モウドクフキヤガエルなどと同じで、自分で毒《どく》をつくることはできない。

有毒《ゆうどく》鳥類のズグロモリモズ。

毒《どく》を持つ昆虫《こんちゅう》を食べることで、体内に猛《もう》毒《どく》をたくわえている。体内の毒《どく》はヘビやタカなどの捕食者《ほしょくしゃ》から身を守ることに役立っているのだ。

つぎに紹介《しょうかい》するのは、コブラ科のヘビ、インランドタイパン。おもにオーストラリアの内陸部に生息し、ナイリクタイパンともよばれている。

このヘビの毒《どく》は、コブラ科のヘビに共通する神経毒《しんけいどく》だが、毒《どく》の強さはキングコブラの約五十倍。このヘビ一ぴきが体内にたくわえている毒《どく》の量で、十万びきのマウスを殺《ころ》せるという。まさに世界一の

とぐろを巻《ま》いたようすが不気味《ぶきみ》なインランドタイパン。

猛毒《もうどく》ヘビだ。
体長は最大二・五メートルで、体の色は黄褐色《おうかっしょく》や黒褐色《こっかっしょく》など。季節によって皮膚《ひふ》の色が変わり、冬は濃《こ》いめ、夏は薄《うす》めの色になるという。このヘビは、昼間、ネズミなどのえものを求めて、草原や岩場をはいまわる。このヘビにかみつかれたえものは、体内で毒《どく》が急速に作用して、あっというまに絶命《ぜつめい》してしまう。えものがそれほど大きくなければ、あとはゆっくり丸のみするだけ。もし人間がインランドタイパンにかまれて、そのままでいた場合、早ければ三十分で死にいたると

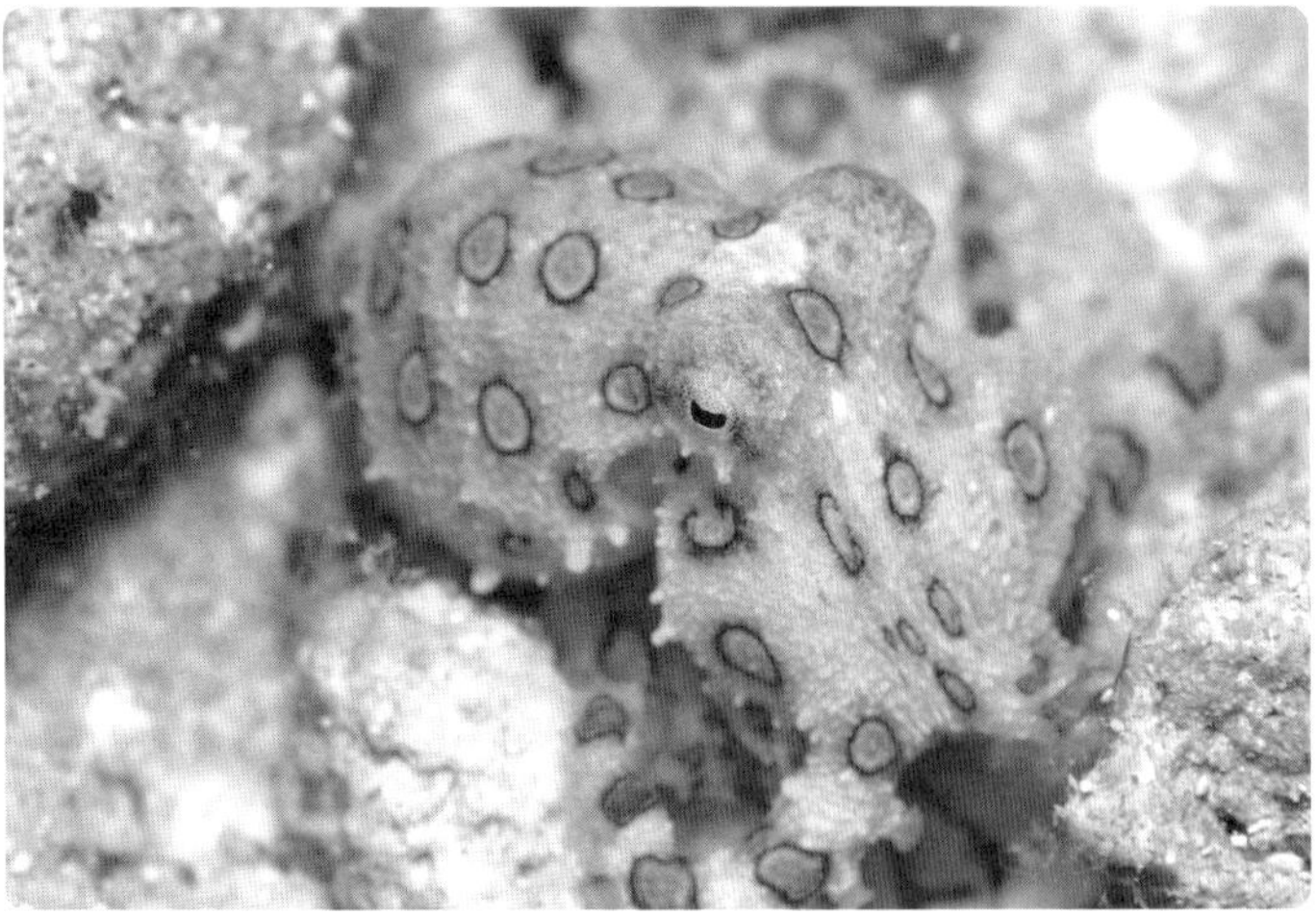

輪の模様《もよう》が特徴的《とくちょうてき》なヒョウモンダコ。体長は10センチ程度《ていど》と小型《こがた》。

いわれている。

つぎに海の動物からヒョウモンダコを紹介《しょうかい》しよう。大きいものでも、体長は十センチほどしかないが、猛毒《もうどく》を持つので非常《ひじょう》に危険《きけん》なタコだ。体の色は、ふだん海底の岩などの色に似《に》せているが、刺激《しげき》を受けると青い斑紋《はんもん》があらわれる。そのヒョウのような紋様《もんよう》が名前の由来にもなっている。

ヒョウモンダコの唾液《だえき》には、フグなどが持っている毒《どく》と同じテトロドトキシンという神経毒《しんけいどく》がふくまれている。筋肉《きんにく》や皮膚《ひふ》にも毒《どく》があり、そのことが捕食者《ほしょくしゃ》からの攻撃《こうげき》を回避《かいひ》させている。人を積極的におそうことはないらしいが、けっしてさわってはいけない。このタコにかまれると、呼吸困難《こきゅうこんなん》におちいる可能性《かのうせい》があるからだ。場合によっては、心臓《しんぞう》がとまって命を落としてしまう危険性《きけんせい》もあるという。

ヒョウモンダコは、オーストラリアから日本にかけた浅い海に生息している。近年、日本での目撃情報《もくげきじょうほう》がふえているため、注意をよびかけている自治体もあるようだ。

最後に紹介《しょうかい》するのは、生物界最強の毒《どく》を持つというマウイイワスナギンチャクだ。スナギンチャクとは、イソギンチャクに近い生物で、ちがいはいくつかの個体《こたい》がくっついて群体をつくっていることと、砂《すな》を内部に取りこんで体を補強《ほきょう》する性質《せいしつ》があるということだ。

スナギンチャクのなかには、生物のうちでもっとも毒性《どくせい》の強いパリトキシンという神経毒《しんけいどく》を持つ種がいる。そのなかでも最強の毒《どく》を持つのが、このマウイイワスナギンチャクだ。いわば、猛毒《もうどく》生物界のトップ・オブ・トップだ。

マウイイワスナギンチャクは、先ほど紹介《しょうかい》した最強の毒《どく》へビ、インランドタイパン

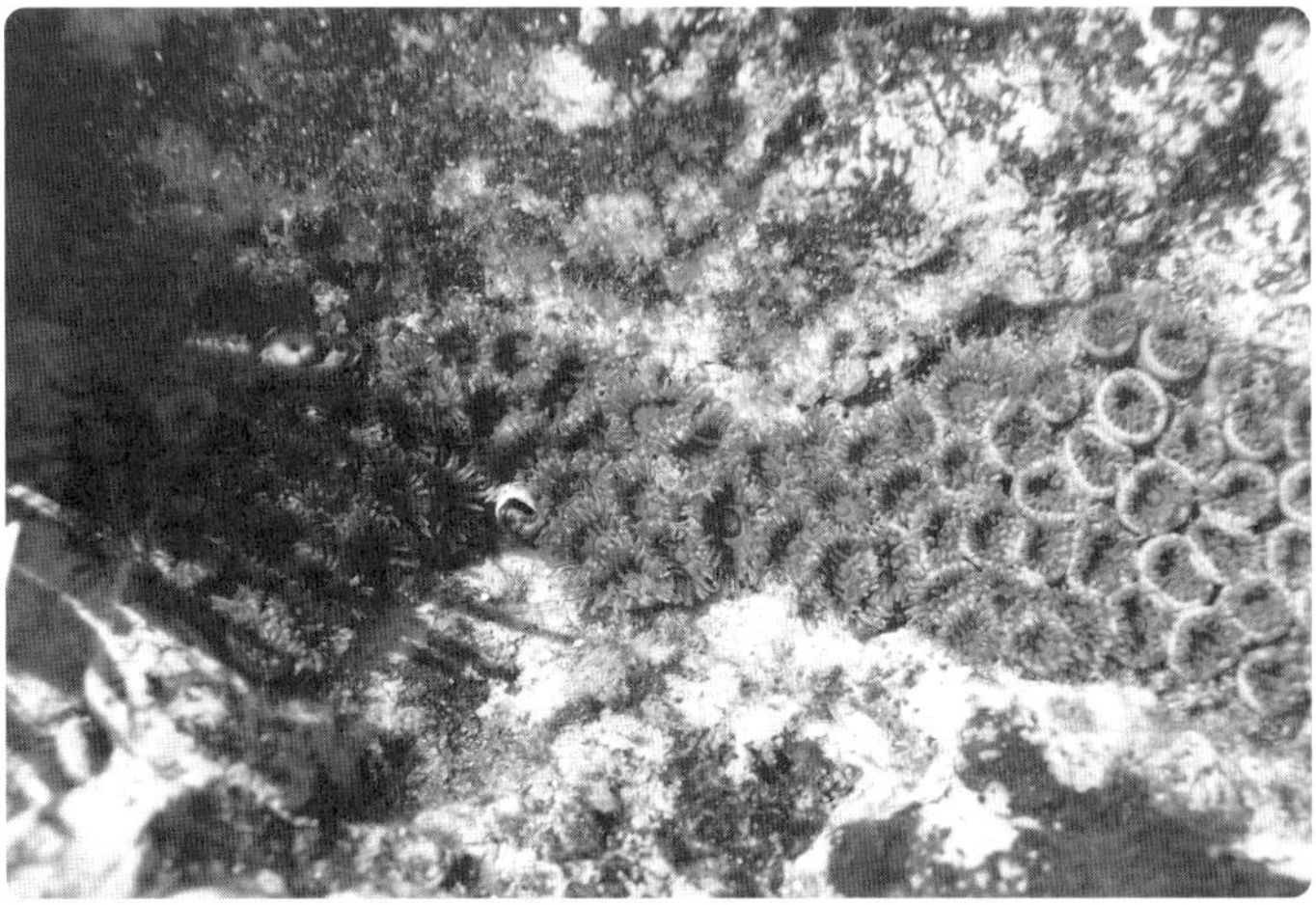

ハワイ・マウイ島の近海に生息するマウイイワスナギンチャク。

の数百倍の強さの毒《どく》を持っている。この毒《どく》は、人の心臓《しんぞう》を収縮《しゅうしゅく》させ、血液《けつえき》の赤血球を破壊《はかい》する。重症《じゅうしょう》の場合は窒息《ちっそく》するように息絶《いきた》えることもあるという。
マウイイワスナギンチャクは、ハワイのマウイ島周辺の海に生息している。もし、ハワイの海で泳ぐ機会があっても、けっしてこの生物に近づいてはいけない。

おわりに

この本では、世界のさまざまな食文化と自然や生物について紹介《しょうかい》してきた。とくに食文化については、あえて日本人には想像《そうぞう》もつかないようなエピソードをピックアップしている。

「世界のお菓子《かし》」では、世界一まずいキャンディーのサルミアッキや、世界一甘《あま》いグラブジャムン、世界一硬《かた》いおやつのチュゴなどを紹介《しょうかい》した。少しだけなら食べてみたいと思った人がいるのではないだろうか。

「世界の珍味《ちんみ》」では、トリュフ、キャビア、フォアグラの世界三大珍味《ちんみ》を紹介《しょうかい》したほか、ツバメの巣、カエル、ワニ、コウモリ、キングコブラも取りあげている。日本で、世界三大珍《ちん》味《み》がそれほどめずらしくなくなったことを考えると、わたしたちがこれらの食材を食べる日もくるかもしれない。

「世界の不思議な食べ物」では、中国（青島《チンタオ》）の蒸《む》したヒトデ、ペルーのテンジクネズミの姿焼《すがたや》き、ヨーロッパ各地の豚《ぶた》の血のソーセージ、メキシコの病気に感染《かんせん》したトウモロコシを使った料理などを紹介《しょうかい》した。はじめてこれらを見た人なら食べるのにかなり勇気がいるだろうが、現地《げんち》ではどれも昔から愛されているご当地グルメだ。

こうしてみると、世界の食文化の広がりを感じる。わたしたちも、食に対してもっと冒険《ぼうけん》すれば、新たな世界がひらけるかもしれない。

後半には、ユネスコ世界自然遺《い》産《さん》や絶滅《ぜつめつ》危《き》惧《ぐ》種《しゅ》の生物たちも紹介《しょうかい》した。わたしたちは、これらを後世に残すために力をあわせて守っていかなければならない。

文　　藤田 晋一（ふじた しんいち）
1967年、宮城県生まれ。成城大学卒業後、出版社、編集プロダクション勤務を経てフリーとなり、週刊誌、テレビ、ビデオなどの構成、映画翻訳など幅広いジャンルで活躍する。著書に「こわ〜い都市伝説」シリーズ（PHP研究所）、「怖くてふしぎな都市伝説・迷信大事典」シリーズ、「3分でのぞく 不思議・謎・怪奇」シリーズ（以上、金の星社）などがある。

編集　ワン・ステップ
デザイン　妹尾 浩也
装画　久方 標

5分後に世界のリアル
衝撃! 世界の食文化

初版発行　2024年3月
文　藤田 晋一
装画　久方 標
発行所　株式会社 金の星社
〒111-0056 東京都台東区小島1-4-3
https://www.kinnohoshi.co.jp
電話 03-3861-1861（代表）　FAX 03-3861-1507
振替 00100-0-64678
印刷・製本　図書印刷 株式会社

160P　18.8cm　NDC380　ISBN978-4-323-06352-2